つなげる力

藤原和博
前杉並区立和田中学校校長

文藝春秋

つなげる力

——目次

第2章　学校と塾をつなげる

第5章　子どもたちと世界をつなげる

第6章 人を動かす

つなげる力

はじめに

私がリクルートという民間企業を離れて、杉並区にある和田中学校という公立校の校長になった最初の年に直面した事態は、「月曜日の憂鬱」だった。

一週間の始まりであるはずの月曜日の朝がいちばん、学校の空気がどよんとしているのだ。子どもたちは覇気《はき》がなく、反応が鈍い。

先生たちも、授業がやりにくそうだ。

そのうちにわかったことは、子どもたちを土曜日に放っておいて学校に来させないでいると、生活習慣がすっかり乱れてしまうことだった。

キャンプに行ったり、土日にスイミングスクールやサッカークラブに通う子はいいが、そうでないと、金曜日の晩に遅くまでゲーム三昧《ざんまい》だったり、ケータイ・メールのし放題になってしまう。寝不足になるから土曜日の朝は寝ているかテレビ漬け。土曜の晩から日曜日にかけて同じようにダラダラしていると、月曜日に学校に来ても午前中はボーッとしているだけ、ということになってしまう。

こうした生活習慣の乱れは、基礎学力の定着に影響する。ゲーム、テレビ、ケータイの〝子どもデジタル三種の神器〟の中毒になると、学習意欲も著しく減退する。

昔のように、土曜日に学校があれば……。

こう考えたのが始まりだ。

土曜日の午前中だけでも、学校に来られる子どもたちを集めて、自主的な学習の場をつくりたい。金曜までに出た宿題を片付けてしまうだけでもいい。勉強を教われるオニイちゃんやオネエちゃんが家にいる子は稀だから、たとえ家で宿題を始めたとしても、わからなくなった時点で嫌になる。誰だって、わからないものをひたすら一人で続けていたら飽きてしまうだろう。学校に来れば、みんなやっているから「しょうがない、やるか」となるのでは？

みな自主的に教材を持ってこさせ、誰かがわからないところを教える役をつとめて、土曜日の学習会のようなものを立ち上げるのはどうだ。さて、誰がやってくれるだろう。

教員に頼むのは酷だ。授業の準備もたいへんだし、バスケやサッカーの部活動を指導している先生は、土日に練習や試合が入る。

さて、誰に頼んだらいいのだろう？

この本のテーマは「つなげること」である。

現代社会のさまざまな問題は、「つなげる」ことでドラマチックに解決していく。「つなげる」ことでまったく新しい地平が見えてくる。

それは学校の現場でもビジネスの現場でも同じである。

私が学生だった頃からバブル崩壊までは、だいたいが前例を踏襲し、パターンを憶えていれば、問題が解決できた。受験勉強もそう。会社に入ってからもそう。受験勉強では「いいくに（一一九二）つくろう鎌倉幕府」とせっせと覚え、会社に入ってからは、前からのやりかたを習いつつ、それに習熟する。これを私は「情報処理力」と呼んでいる。「情報処理力」さえあれば、なんとかなったのである。

なぜなら、日本は年々成長していったから。それも先進国のまねをすることで成長していった時代だから。経済のしくみ、社会のしくみが、年々成長していくことを前提として成り立ち、それにみなが従順にしたがうことで全体のパイが大きくなっていった。今日よりも明日が必ず豊かになる時代だったのである。

ところが、バブルが崩壊し、経済がそれまでのように成長しない時代に入ったとき、昨日と同じやりかたをせっせと習っているだけでは、だめになってしまった。

なぜなら「成長する」という前提条件がくずれてしまったからだ。今日より明日は豊かかもしれないし、貧しいかもしれない。いまやっているやりかた自体があっという間に陳腐化してしまう。ものごとが多様化し、複雑になり、どんどん変化する「成熟社会」の到来だ。

そうしたときに必要な力とは何か？

世界中の先進国が、血眼になってそうした力とは何かを探している。

ＯＥＣＤ（経済協力開発機構、Organization for Economic Co-operation and Development）という国際機関がある。

先進国間の自由な意見交換・情報交換を通じて、①経済成長、②貿易自由化、③途上国支援に貢献することを目的とした国際機関だが、そのＯＥＣＤが二〇〇〇年度から始めたのがＰＩＳＡ（国際学習到達度調査、Programme for International Student Assessment）だ。義務教育を終えた一五歳を対象にした、三年に一度の学力調査。当初三二カ国だった参加国は、〇六年度調査では五七カ国・地域、約四〇万人にまでふえた。

このＰＩＳＡの調査では、まさに、そうした成熟社会を生きるチカラを各国の子どもたちが、どの程度もっているかを探っている。

このＰＩＳＡが求めている「ＰＩＳＡ型学力」もこの本のテーマのひとつであるが、ＰＩＳＡ調査での日本の学生の順位は、あまりかんばしくない。

なぜ、日本の生徒が苦戦しているかといえば、そもそもＰＩＳＡで問われる学力が、これまで日本の教育システムでつけようとした学力と違うからだ。

第3章で詳しく述べるが、日本では戦後、先進国のまねをして、いかに輸出産業を育てていくかということに力点がおかれたため、教育でも、知識と情報の処理力を重視した教育が主流だった。計算や漢字のドリル学習や暗記ものが主体で、だいたい対応できたのである。

それに対して、ＰＩＳＡでは、そもそもが正解のない問題にどのように取り組んでいくかという力が問われる。この力は、冷戦が崩壊した一九九〇年代以降、全世界でひとしく問われるようになったという認識をＯＥＣＤはもっている。

たとえば、かつての情報処理型の学力によれば、冒頭の問題は解決できない。前例を踏襲したり、もともとあるルールを守っていくことが情報処理型学力の前提条件だからだ。

それに対して、ＰＩＳＡ型の学力では、そもそものルールを疑ってみたり、前例を批判的に見たりすることから、問題にアプローチする。

こうした「正解のない問題」にアプローチする力を、私は以前から「情報編集力」という言葉で表現してきたが、ＰＩＳＡが測ろうとしているものも、まさに「情報編集力」なのである。

さて、冒頭の問題である。

この正解のない問題を、私は「大学生と中学生をつなげる」ことで解決しようとした。

土曜日の午前中、部活のないたいていの中学生は暇になる。その中学生を学校に集めて、宿題をやったり、英検や漢検、あるいは塾の宿題もやれるような学習会を開く。生徒だけ集めてもおしゃべりタイムになるだけだろう。そこに、教員志望の大学生を中心にした大人のボランティア集団をからませたのだ。

学生ボランティア（学ボラ）にとっては、中学生を学校の教材に即して直接教えられる機会

第1章

つなげることで世界は変わる

私は校長在任中、よく和田の職人衆や自営業を営む人々と語らった。酒も飲んだ。畳屋さん、自動車修理&自転車屋さん、庭師さん、海苔《のり》屋さん、工務店の社長、蕎麦《そば》屋の店主、ラーメン屋のオヤジ、日本刀の研《と》ぎ師、居酒屋のおかみさん……。

不思議だったのは、みんな頭がよい人だったことだ。

テストの点に現れる学力は人それぞれだろう。しかし、しゃべればわかる頭のよさは、みな一流なのである。話の本質に反応してくる。揚げ足を取ることはしない。頼めばすぐにやってくれる。しかも、狙いをはずさない。一をいえば二、三、とわかってしまう頭のよさだ。リズムとテンポもよい。

ようは「情報編集力」が高いのだ。

何より当事者意識がある。誰の責任かわからないような仕事はしない。自分の腕で稼いでいるからだ。だから、へたなサラリーマンより目線がしっかりしている。宙をさまようような、あいまいな目はしていない。

人を育てることを大事に思っている。そうでなければ、自分の仕事も続かない。だから、子どもたちを育てるためには、学校にも気持ちよく協力してくれる。

頭のよさはキップのよさでもあり、「情報編集力」の高さなのだ。

この人たちの頭のよさはどこからきたのかということが、そもそもの出発点のように思う。

冒頭にあげたような人々と子どもたち、子どもたちの親を「つなげる」ことができれば……、そう考えて練り上がってきたコンセプトが「地域本部」なのである。

砂ぼこりの校庭を緑に変える

私が和田中に赴任してきたとき、体育館の横にあるバスケットコート大の校庭は、普段は誰も利用しないから、ただのホコリっぽい空き地だった。用務主事は一人しかいないから、手入れの行き届かない荒れ地のような場所や、花の植えられていない花壇もあった。

ようするに殺伐《さつばつ》としていたのである。

生徒が長い時間を過ごす校庭や花壇が殺伐としていては、心もなんとなくすさむのではないか。ああ緑があればなあ。

でも、用務主事さんは一人しかいないし、先生方にやらせるわけにもいかない。私一人でやるには限界がある……。

そこで、地元の商店街に注目してみた。

都会の学校でも、通常三〇〇〇坪から五〇〇〇坪の敷地がある。

しかし、緑の手入れを含めて学校の環境整備をする用務主事は、自治体のリストラで減っているし、立ち木の剪定《せんてい》をする予算だって緊縮気味だ。

だから、たいていの学校では、花が植わっていない花壇や、荒れ放題の空き地がふえる。都会の緑を学校と神社仏閣が守らなければ、住宅地の緑被率はどんどん下がっていくにもかかわらずである。

なんとしてでも地域のお助け部隊が必要だ。学校の緑を守る「グリーンキーパーズ」である。

まず、私が注目したのは「芝生」だった。

Jリーグ百年構想でも「学校の校庭に芝生を」とキャンペーンしているように、社会的にも「校庭の芝生化」に関心が集まってきた。この流れに乗る形で、杉並区教委も二〇〇二年から一年に一〜二校ずつ、芝生化の予算を計上し始めたのだ。ところが、最初に取り組んだ小学校の関係者から「手入れがあまりにも大変だ」という噂が漏れ伝わってしまったために、翌年、中学校で初めて募集をしたところ、二三校中一校も取り組もうという校長が現れなかった。

私は、逆にチャンスだなと思った。最初の一校になれば、区教委も失敗させたくはないだろうから、メンテナンス予算もキッチリつけてくれるはずだ。それに、手間がかかるということは、学校の教職員だけではできないことを意味する。先生方も必然的に外に助けを求めざるを得なくなるだろうし、生徒の助けも必要だ。地域社会のオジイちゃん、オバアちゃんが昼間から芝生や花壇のお世話に学校に入ってきてくれたら、しょっちゅう人の目にさらされるわけだから、セキュリティレベルも上がる。

というわけで、「メンテナンスが大変だから止めたほうがいい」という職員会議での反対を予測したうえで、かかわる商店会長と二つの町会長に「学校の南側の校庭を芝生化したら、私たち地域の住人が力を合わせ、責任をもって手入れをします」という約束をしてもらうことにした。前代未聞であったが、覚え書きをつくって三人ともにハンコをついてもらったのだ。

結果的には、芝生のメンテについては、南側の商店会の会長のオジイちゃんと、以前に芝刈り経験のあるPTA会長の旦那さんが、自分の仕事として引き受けてくれることになった。昔話にも「オジイちゃんは山へしば刈りに」（昔話では、本当は「芝」ではなく「柴」だが）とあるように、オジイちゃんには芝刈りが似合う。

やがて近所のオジイちゃん、オバアちゃんが続々加わってきた。毎週の芝刈りや雑草取りに加えて、だんだん活躍の場が広がり、中庭の芝生化、東側の荒れ地の開墾、ハーブ園、ブルーベリー畑づくり……、はては水車小屋や小さな五重塔の建設まで、校庭や空き地が見違えるように美しくなった。さながら、それを生き甲斐としてライフワークに取り組むように、夢中になってくれている。子どもたちも時折交じって、教わりながら手入れしている。

それに呼応するように、ＰＴＡのお父さんたちも花壇の手入れに力を貸してくれるようになった。ガーデニング好きの保護者たちである。

こうして、和田中の緑は「地域の資産」になった。

生徒たちはみな、和田中の特徴を「緑が豊かな学校」として誇りをもって語る。それが地域の誇りにもなるから、地価にも影響してくる。じっさい、学校の緑が美しく保たれている場所の地価は下がらない。手入れが行き届いていることは、地域社会に住まう住民の文化レベルを反映するからだ。

また、大人の手がしょっちゅう入っている場所を、子どもたちはけっして荒らさない。

いまでは、毎週月曜日と水曜日の朝、近隣のお年寄りが芝生の上でのラジオ体操に集まる。生徒たちと交流しながら芝を刈る姿も散見される。花壇も思い切って園芸好きなお父さんに任せたら、ひまわりやチューリップを季節ごとに植えてくれるようになった。古い校舎の前の風景が見違えるようだ。

荒れ地は、あっという間に畑になり、そこで収穫されたキャベツが給食の食材に使われることも。農業クラブもつくったから、植え付けや収穫は、生徒たちと地域の人々との交流の機会になっている。

これが「地域本部」の一つの顔である。ようするに、これまで先生と生徒と保護者しかいなかった学校に、地域の人たちを入れて、いろいろ試してみること。さまざまなプロジェクトの中で、子どもたちと保護者、そして先生にも、地域の人々とともにいろいろ学んでもらおう、ということなのである。

土曜日の午前中に寺子屋を開く

この本の「はじめに」で紹介した「土曜寺子屋（略してドテラ）」も「地域本部」のプロジェクトだ。

和田中では、土曜日に地域のボランティアを組織して「土曜寺子屋」を開催し、子どもたちの自主的な勉強を支援している。

サポートするのは、主に教師を目指す大学生ボランティア（学ボラ）だ。

金曜日までに出た宿題を持ってきて、オニイちゃん、オネエちゃんに聞きながら片付けてしまうチャッカリした子もいるし、塾の宿題や英検、漢検の勉強をする子も。

学校モードではないから自由な雰囲気があるが、みんな勉強しているから自分もやろうという気になる。ドテラがなければ、家で寝ているか、テレビかゲーム三昧が落ちだろう。それでは生活習慣が土日の二日間で崩れてしまうということは、「はじめに」で書いたとおりである。

年間を通じて土曜日に三〇日間開校され、ほかに夏休み中にも二週間の「ドテラ・サマースペシャル（略してサマスペ）」が開かれる。三〇日間、学校に自主的に出てくれば、通常、学校の年間授業日数は二〇〇日強だから、一五％学校に多く出てきていることになる。ケータイを持ってきてはいけないとか、お菓子やゲームもダメだとか、生活のルールは学校に準じるが、制服ではなく私服でOKの「学校モードでない時間」だ。

杉並区の中学校の中には、教師たちが中心になって土曜日に学習活動を補完するべく立ち上げた土曜日学校もあったが、和田中では、あえて教師の手を借りずに一線を画して、地域主催の自主的な学びの場とした。

例年四月当初には一〇〇名を超える利用者がある。

生徒は思い思いに自分のやりたい教材を抱えて私服でやってきて、九時半から一二時過ぎまで四五分ずつ、三コマに分けての学習をおこなう。

大学生たちは必ずしも近隣に住んでいる者ばかりではない。半分以上が教職を志望する教師予備軍だ。三週間の教育実習では普通〝お客さん〟で終わってしまうから、和田中での毎週の生徒たちとの触れ合いが貴重な修業の機会になる。

事実、〇七年度に三五名登録していた学生ボランティアのうち、教職を目指していた者はほとんど試験に受かって教員になった。なかには地方の教育委員会から文科省に出向している行政マンも、ドテラのボランティア先生に加わっている。

こうして土曜寺子屋プロジェクトは、それまで「地域」と呼び習わされる対象にならなかった若い人たちを、学校に呼び入れる呼び水になった。彼らのおかげで、夏休みにはドテラ・サマースペシャルが開催され、図書室が子どもたちの勉強の場兼居場所になっている。「地域本部」がドテラを主催することで、和田中は「学びのコミュニティ」に脱皮したのだ。

子どもの集う図書館に変える

和田中の図書館も、「地域本部」のプロジェクトによって蘇生した。

私が赴任した直後に訪れた図書室は、全国の公立校によくある「カビ臭い図書室」。一日の利用者数は昼休みに五〜六名。聞いてみたら、それは図書委員の数だった。九〇〇〇冊あった蔵書はほとんど死蔵されている感じで、子どもたちの読みたい図書が徹底的に不足していた。だから、この分野の第一人者である児童文学評論家に相談して改造に取りかかった。四日間でのべ一二〇名のボランティアを結集して図書室を大改造したのである。

蔵書を五〇〇〇冊ほど一気に捨て、徐々に子どもたちの読みたい本を揃えていく。改造に参加したのは、「図書室改造プロジェクト」に名乗りを挙げた一、二年生の読書好きな生徒を核に、地域のボランティアや司書ボランティアなどだった。

生徒たちは監修者の専門家から、まず、どうやって新しく入ってきた本にカバー（ブッカーと呼ぶ）をかけて保護するか、コミックなどはひっきりなしに開かれ読まれて綴じが壊れやすいので、どうやって補強するかなどを学んだ。本の背表紙に近い部分に二つ穴を開け、凧糸《たこいと》で結んで補強するのだ。放課後の校長室で作業をさせたのだが、目打ちをトンカチで打ち込んで穴をあける「トントン」という音が毎晩響き渡る。ＰＴＡから寄付してもらった二〇万円で、取次の倉庫に、みんなに読まれる本を買いに行ったりもした。

とくに希望が多かったのは、コミックや、あさのあつこに代表されるような「ヤングアダルト」という分野の書籍、それにファンタジー系のもの。のちに生徒たちがベスト10に選んだ本を挙げてみると、一年生では『ハリー・ポッター』、『子ぎつねヘレンがのこしたもの』、『ハッピーバースデー』、『Good Luck』、『ナルニア国物語』、『バッテリー』など。二年生では『デルトラ・クエスト』、『リアル鬼ごっこ』、『No.6』、『リズム』、『親指さがし』、『青空のむこう』など。三年生では『エイジ』、『The MANZAI』、『キノの旅』、『1リットルの涙』、『博士の愛した数式』、『It（それ）と呼ばれた子』などだ。

実際の改造には、まず、図書資料室（図書室の横の小さい部屋）の整理から入る。図書室そのものには三日間をかけた。いらない本を整理するために、すべての本を棚から取り出す。廃棄するものは廊下に、登録して再び入れる本は新しい分類ごとに隣接する家庭科室の大きめのテーブルに積んでいく。棚を雑巾で拭き、配置を変える。ある棚を動かすと、いつ紛れ込んだのか、裏側から雀《すずめ》のミイラが出てきたなんてことも。

プロが本を整理する間に、子どもたちは蛍光灯の反射板を磨いたり、床を雑巾がけしたり。お母さんたちは、わずかな予算の中から明るい色の布を買ってきて、家庭科室にあるミシンでテーブルクロスとカーテンを縫ってくれている。テーブルクロス地やカーテンの生地では高いからだ。外では、お父さんたちが棚にペンキを塗ったり、ニスを塗り直したり、リサイクル利用したい古い棚を鋸《のこぎり》で加工したり。

奥にはコミックを一〇〇〇冊以上入れ、四畳半くらいの大きさのカーペットを敷いて、寝転んでも読めるようなリラックス・スペースにした。

私が非常に驚いたのは、広島から手弁当でビジネスホテルに二泊して手伝いに来てくれた人、群馬から毎日早朝列車に乗って通ってきてくれた人がいたことだ。いずれもプロの司書の方々なのだが、「監修者の赤木かん子さんが一から改造する図書室の姿をしっかり記憶に留めて、自分の仕事に生かしたい」という研修目的だった。地元では、めったに見られないからとのこと。

なるほど、真剣に「図書館」というコミュニティで仕事をしている方々には、ボランティアで参加する「図書室改造」自体が研修になるのだということがわかった。

結局、このプロジェクトを助けてくれた司書のうちの一人と根っから本好きのＰＴＡのＯＧが意気投合して、改装後の図書室の運用にも力を貸してくれることになった。平日の放課後三時から五時まで、子どもたちの居場所として開放しようというのだ。いまでは、オバちゃんたちが上手く生徒を働かせてくれて、本のバーコード管理まで、できるようにしてしまった。

放課後には、バスケットやテニスなど運動系の部活がある。でも、あまり運動が得意ではない生徒たちは、居場所がなくなってしまう。だから、部活に参加していない「居場所のない子」が集ってくる。

教員はわざと行かないようにしているから、ここでは「学校モードでない時間」が流れている。教員だったらダメダメで済ましてしまう、パソコンでの自由なネットサーフィンも、オバちゃんボランティアの前でだったらと許している。オバちゃんに悩みを相談する女子生徒も現れる。

だから、いつも本好きなオバちゃんたちのいる放課後の図書室は、子どもたちの居場所として人気で、利用者が一〇倍になった。静かに宿題をやる子もいれば、人生相談をする子も。

こうして、放課後の図書室は「第二の保健室」に変貌した。

失敗を許す寛容さ

以前、図書室を担当していた国語の先生は「教室から遠いから生徒が来ない」と嘆いていたが、それは違う。

居心地がいい図書室には子どもは来る。調べ学習をしたいというような強い子ではなく、むしろ、教室に居場所がなかったり、部活に入るほどの体力がない弱い子が集う。

学校での通常の教科の時間は「正解主義」が支配しても、しかたない。小学校ではとくに、より多くの正解を記憶させ「情報処理力」を鍛えることに多くの時間を割かざるを得ないからである。

「学校モードの時間」には、教師はどうしても失敗を許す寛容さ（トレランス）を発揮できない。家庭でも、子どもが少なければ、親は子のいたらなさがいちいち気になり、「学校モードの時間」と同じように失敗を許す寛容さを失うだろう。

だから私は、放課後や土曜日には「学校モード」を開放して「学校モードでない時間と空間」を子どもたちに保証することが「失敗を許す寛容さ」を社会に取り戻す鍵だと考える。

それも、教師だけで取り組んではならない。

地域のボランティア、つまり子どもと直接利害関係のない第三者が多く入ってきて、子どもたちと「ナナメの関係」を豊かに形づくることが実現への近道なのである。

学校を核に、地域社会を再生するのだ。

人的資源は無限にふえる

こうしたボランティアをネットワークするうちに、「地域本部」は地域の人々を機動的に動かす組織になった。

公費での経済的なバックアップは杉並区がやっている。区教委の「学校サポーター予算」の中から、継続的に協力してくれる人たちには一日二〇〇〇円程度（交通費扱い）が支払われるのだ。

もっとも和田中では、この予算をさらに細分化する。ドテラの学生ボランティアの場合には、はじめは無償で、続けてくれたら一〇〇〇円程度、リーダー格になったら二〇〇〇円程度というように運用している。

また、今後は、ＰＴＡを「地域本部」に統合して一緒に活動する計画だ。これで「地域本部」は、名実ともに「保護者と地域とが力を合わせて、子どもたちの学びを豊かにするために学校を支援する組織」に生まれ変わる。

「地域本部」のスタッフが、教師にとっては余計な仕事だけれど、子どもたちの学びを豊かにするためにはどうしても必要なサポートを引き受けてくれたことで、和田中の教員は授業に集中できるようになった。

逆にいえば、授業と、部活や学級運営を中心とする生活指導というメイン業務について、教師には言い訳ができなくなる。「図書室の整理が忙しいから、朝の読書指導には手が回りません」とは言えなくなるからだ。

学校では、「ヒト（人材）」資源をどうふやすかといっても、任免権は都道府県の教育委員会に握られているから校長の自由にはならない、というのが一般的な常識だろう。

せいぜい、少人数授業をやって加配（追加配置）で教員をもらうとか、研究奨励校やモデル校となって余剰の教員をつけてもらうとか……。教員を一人か二人、定数以上に配置してもらうことしか思い浮かばないかもしれない。あるいは、町会長や商店会長など地域の評議員の力を借りるとか。

和田中では、これとは違う方法で、圧倒的に「ヒト」という資源をふやすことに成功した。だから短期間の間に、生徒たちの学ぶ環境が豊かに変貌したのだ。

「地域本部」に部屋も持ってもらい、事務局スタッフを置いて、学校運営をさまざまな分野で支える役割を担ってもらったわけだ。

現在のボランティア数は、ゆうに一〇〇名を超える。

文科省と財務省は〇五年から、地域のチカラで補助的な学習活動を「つなげること」の有効性に気づき、〇八年度、和田中をモデルとした「学校支援地域本部」を全国に普及するプロジェクトに五〇億円の国家予算をつけた。とりあえず一八〇〇の市区町村に一カ所ずつモデル校をつくり、三年の間に一万カ所の中学校区に広げたい考えだ。

これが実現すれば、日本には、新しい時代にふさわしい「ネットワーク型の学校経営」が普及し、「つなげていくこと」で地域の教育問題の解決を図る「ネットワーク型校長」が多数出現することになるだろう。

「つなげる」ためには、学校と地域との間の学習コミュニケーションを司るコーディネータが必要だから、「つなげる」プロとしての有償ボランティアが全国に一万人（中学校の数）くらいはほしい。

ちなみに和田中では、元PTA会長が歴代、有償ボランティアで「地域本部」の事務局長に就任し、そのまわりを固める実行委員をPTAのOGやOBがつとめてくれている。

最近では、地域に戻ってきた団塊の世代のオジさんやオジイちゃんたちも実行委員に加わって、「ドテラ」や「算数の補習塾」、「図書室の運営」、「校庭・校舎を彩る花と緑の維持管理」などを中心に力を貸してくれている。英語を土曜日に積み増して学ばせる「英語アドベンチャーコース」や、話題になった「夜スペシャル（略称「夜スペ」、夜間の学校に塾の講師を招いておこなう地域の進学塾）」も地域本部の仕事である。

ここまで活動が広範になると、コーディネータが一人では無理だ。事務局長は一人だが、コーディネータ軍団（実行委員）の数はおよそ二〇名。そのほかに「ドテラ」の受付などで保護者が交替で仕事をする。これも、学校行事と違って「地域本部」の学習サポート活動だから、交通費程度の有償ボランティアになる。

和田中では、「地域本部」で学習支援のために働く地域の有償ボランティアと、PTAで学校行事などのサポート活動をおこなう無償ボランティアの保護者を統合する計画があることは前述したとおり。将来は、「地域本部」の地域ボランティア約一〇〇名と、ＰＴＡ約五〇〇名が手に手を取って学校を盛り立てることになるだろう。

和田中「地域本部」モデルを全国に

学校支援のための「地域本部」の五年間の実績をもとに、〇八年度から文科省は和田中をモデルとした「学校支援地域本部」の全国普及に乗り出した。

詳しくは文科省のホームページにも載っているし、実現をサポートするための研修の情報やビデオ素材は、〇六年から立ち上がっている全国［よのなか］科ネットワークのホームページ(http://www.yononaka-net.com/mypage/top/index.php)からも得られる。

五〇億円の予算（スタートアップ・マネー）を使って、一八〇〇カ所に「学校支援地域本部」を立ち上げようという大胆な試みだ。ところがじっさいには、自治体の教育委員会の受け止め方に大きな幅があり、相当な混乱も予想される。

予算がついたのが生涯学習局なので、自治体では、社会教育主事の側に予算がいくことになった。ところが、「地域本部」をつくってほしいのは学校の中なのである。一般的には、学校の中のことは、社会教育主事ではなく、多くは教員出身の指導主事が扱う。指導主事と社会教育主事が一緒に仕事をすることは、あまりない。ここに、ひとつの混乱がある。

児童館や小学校の低学年では、よくオジイちゃんとオバアちゃんが子どもたちと交流するイベントが開かれる。お手玉と剣玉を教えてもらうような、心あたたまる交流だ。こういうものはおおいにあってよいのだが、今回の予算は、そうした種類の活動に使う補助金ではない。あくまでも、学校の「学習」をサポートし、教師を支援するための地域組織を学内に立ち上げてほしいわけだ。

また、校長の認識にもギャップがある。

PTA会長に「地域本部とやらをつくりたいので、ひとつヨロシク！」と頼んだ安易な校長もいると聞く。世話好きな地域のオバちゃんに頼めばやってくれるだろうとタカをくっている校長もいる。

残念ながら、それは間違いだ。

まず、土曜日の寺子屋からやるのか、図書室の改造から取り組むのか、それとも、花と緑のボランティアからやってみるか。

そうして、ネットワークを徐々に充実させていかなければならない。「ドテラ」から始めれば、やがて、土曜日を核とした大人たちのコミュニケーションの渦《うず》ができる。それが、大学生や塾の先生やシニアボランティアと子どもたちとの「ナナメの関係」のコミュニケーションに「つながって」ゆく。

「地域」とは何丁目何番地のことをいうのではない。そこで起こるコミュニケーションの渦のことを指すのである。

「図書室の改造や運営委託」から取り組めば、そこには本好きな大人たちのコミュニティができる。ここでのコミュニケーションは「本」を核として渦巻き状に広がるだろう。子どもたちも、コミュニケーションの渦の中で「ナナメの関係」を育《はぐく》みながら成長する。

「グリーン」から始めれば、花や緑が好きな人々のコミュニティができる。コミュニケーションは「花や緑」を核にやがて広がりを見せ、子どもたちを巻き込んで大きな渦になるだろう。

地域の大人たちが学校の授業にも馴染むようになれば、もはや「学校支援地域本部」のスタッフに困ることはなくなるだろう。逆に、授業自体に地域社会の人々が参加できないような学校では、常にスタッフの新陳代謝がはかられなければならない「地域本部」の運用は、すぐに行き詰まってしまうはずだ。

もはや、学校を開かなければ、生き残ってはいけないのである。

さて、次章では、こうした「地域本部」を核として、学校と塾をつないだ「夜スペ」について詳述したい。

第１章のまとめ

学校と地元をつなげてできた“地域本部”

学校

生徒　先生
＝
保護者
PTA
（無償ボランティア）

つなげる

地域社会

- ✦地元の商店街や町内会
- ✦PTAのOG・OB
- ✦学生ボランティア
- ✦地元に戻りつつある団塊世代のビジネスマンなど

地域本部

（有償ボランティア）

図書室の改造・運営

- ✦蔵書の見直し、入れ替え
- ✦人気のコミックや作家の作品を取り揃える
- ✦カーペットを敷いたリラックス・スペース
- ✦ちょっとした悩み相談も

↓

第二の保健室

花と緑の維持・管理

- ✦校庭の芝生化
- ✦毎週の芝刈り、雑草取り
- ✦ハーブ園、ブルーベリー畑
- ✦農業クラブ（収穫された野菜を給食の食材に）

↓

緑が豊かな学校

学校モードではない時間

土曜日の寺子屋

- ✦週１回（年間30日）の土曜寺子屋（ドテラ）
- ✦夏休み中（２週間）のドテラ・サマースペシャル（サマスペ）
- ✦土曜日に英語を積み増す英語アドベンチャーコース

第2章 学校と塾をつなげる

「地域本部」を学内に設置して、なるべくたくさんの大人を招き入れ、教員がおこなう教育課程内の学びを補完するカタチで学習サポート活動をおこなっていく。

和田中学校に着任して一年後には、この体制が正式スタートすることになった。

そして、この「地域本部」を軸にして、学校と地域のつながりが、「校庭の緑化」、「図書館改造」、「土曜寺子屋」などのプロジェクトを次々に実現していった過程は、前章で書いたとおりだ。

「夜スペ」は私の任期の最後の年に、この「地域本部」を軸にして始まったプロジェクトだ。そして、さまざまな意味でもっとも有名なプロジェクトになった。

「サピックス」という、塾の中の塾が、学校の校舎で、公立中学の生徒の指導をする。短く言ってしまうとそうなるのだが、だからこそ、さまざまな誤解を受けた。

この本を読んでいる読者にこの問題の背景をきちんと理解してもらうために、あえて、第１章でまず「地域本部」とは何かを書いたのだが、本章では、その前提のうえに、このプロジェクトの本当の姿をつづってみたいと思う。

そもそもの問題意識は、多様化する子どもたちに公立学校がどう対応できるのか、ということだった。

子どもたちは多様化している。

にもかかわらず、たいていの人が、子どもたちは一様で変わらないと信じている。

たとえば、昔のように「できる子」とか「できない子」はひとくくりになると考えてしまう。せいぜい、成績でいえば「できる子」と「できない子」と、その間に相当数いる「ふつうの子」の三種類であろうと。

じっさいはこうだ。

たとえば、数学ができない子がある学校に五〇人いたとしよう。

その中身は「算数の計算が苦手な子」、「文章題（読解）が苦手な子」、「学習になんらかの障害がある子（ＬＤやＡＤＨＤなど）」、「親の離婚や虐待など家庭内のトラブルで、とても落ち着いて学べない子」、「やればできるのに、なまけグセのついちゃった子」というように、いくつものグループに分かれる。しかも、うまい具合にちょうど一〇人ずつに分かれたりはしない。

だから、この五つのグループだけでも、学力を向上させるには異なる対策が必要になる。同じことを平等にやるだけでは救われないのだ。

できる子に対しての適切な学びのスタイルも、一律ではなくなってくる。

子どものタイプも保護者の願いも非常に多様で複雑化した成熟社会における学校では、すべての子どもに教師集団だけで多様な教育機会を提供できるわけがない。

繰り返すが、「できる子」といっても一枚岩ではないし、同様に一種類の「できない子」の群れが固まっているわけではないからだ。

「地域本部」では、一年生からのドテラへの参加に先行して、和田中進学予定の小学校六年生に算数の補習をする「ドテラ・ジュニア」コースも用意している。

授業中の観察から、数学が苦手な生徒の中に、小学校時代の算数、とくに分数の計算をしっかり履修しないで中学に入学してくるものが多いことを数学科の教員とともに発見したからだ。さらに一、二年生から対象者を選び、ニンテンドーDSを使った算数の補習塾「らくだコース」も併せて開くことになった。

もともと和田中は「四五分週三二コマ授業制」を採り入れて、英数国は一年から三年まですべての学年で週四コマ（通常は五〇分授業が三コマ）の授業がおこなわれているから、教師は四コマ目に丁寧なフォローができる。

多様化する子どもたち

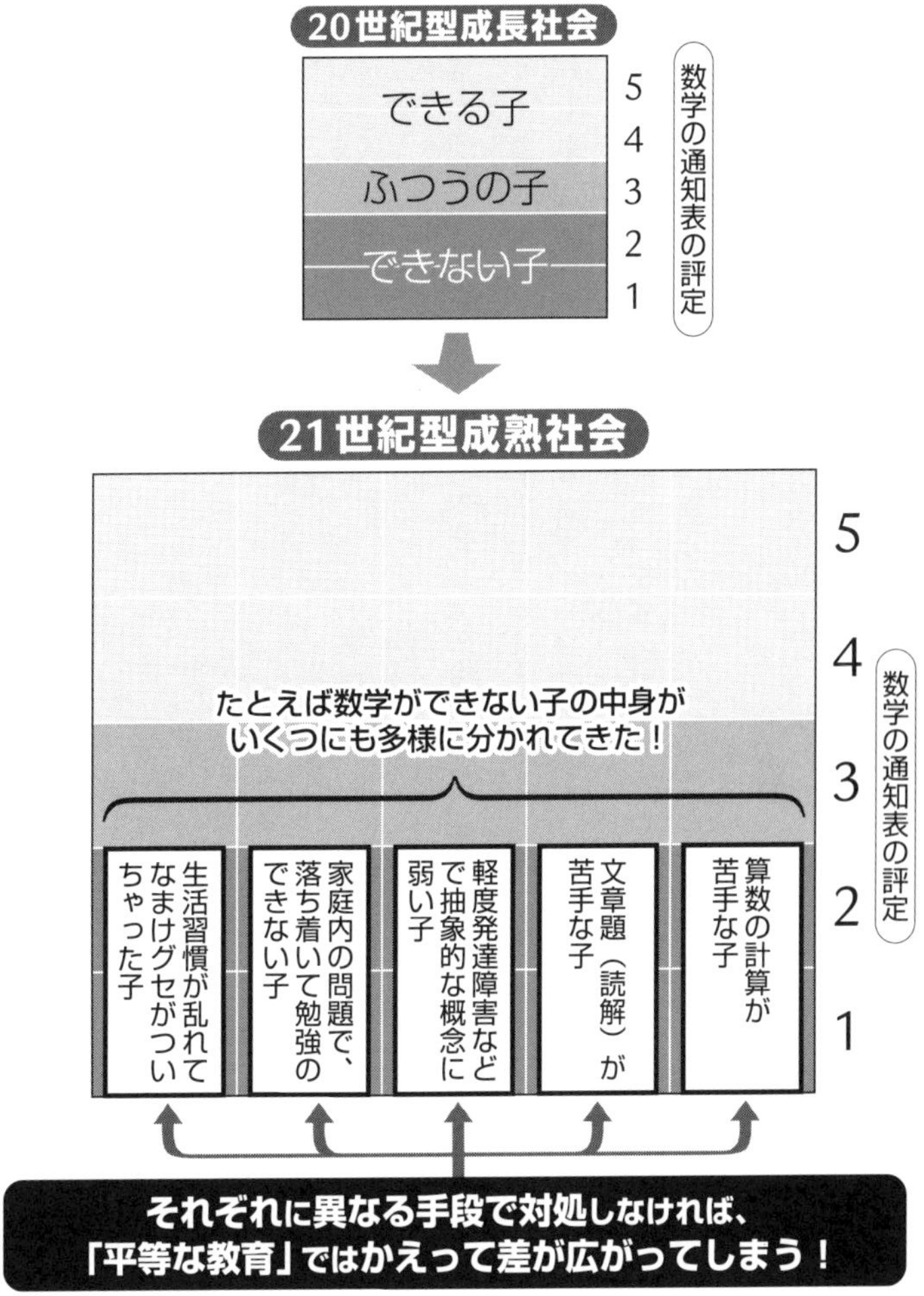
20世紀型成長社会
できる子
ふつうの子
できない子
5
4
3
2
1
数学の通知表の評定
21世紀型成熟社会
5
4
3
2
1
数学の通知表の評定
たとえば数学ができない子の中身が
いくつにも多様に分かれてきた！
生活習慣が乱れてなまけグセがついちゃった子
家庭内の問題で、落ち着いて勉強のできない子
軽度発達障害などで抽象的な概念に弱い子
文章題（読解）が苦手な子
算数の計算が苦手な子
それぞれに異なる手段で対処しなければ、
「平等な教育」ではかえって差が広がってしまう！

期末テストの成績の分散を見ても「四五分週三二コマ授業制」を導入してからは、極端なふたた山（グラフで右側の山を形成する「できる子」と左側の山を形成する「できない子」の二つの群）がなくなった。左側の山が消えた教科もある。

教師たちのこうした教育課程内での努力に加え、「ドテラ」や「らくだコース」との組み合わせで、非常に厚い「落ちこぼれ」対策ができているといえる。

しかし、できる子はどうなのだろう。

今、公立中学で「落ちこぼれ」と同じくらいに問題になっているのは、「吹きこぼれ」の子たちだ。ようするにできる子は、ゆとり教育以来の今の公立のカリキュラムではあきたらないのである。そしてもっとも重要なのは、高校入試の多様化にともなって、都立といえども、日比谷、西、戸山などの独自入試作成校の問題は学校の勉強をまじめにやっていただけではとても合格点に達しないということだ。

そうすると、そうした学校をめざす子たちは、「落ちこぼれ」の子と同様に学校では〝お客さん〟になってしまう。

こんな疑問から、「超進学塾」と呼ばれる「サピックス」と「学校」を、「地域本部」を軸につなげる「夜スペ」というプロジェクトがたちあがったのである。

まず、英語の吹きこぼれ対策を

できる子、もっと先に進みたい子のためのプロジェクトは、英語から始まった。

まず、英語を「もっとやりたい」生徒に、土曜日の午前中に三コマ（ドテラの時間に並行して）英語を積み増す「英語アドベンチャーコース（英語Aコース）」をスタートさせたのだ。英検の３級や準２級を目指して、一年生の冬から三年生の秋までがんばるコースだ。

中学校の指導要領では、英単語は三年間で約一〇〇〇語が必修とされている。だが、半分くらいは外来語としてすでに日本語化している「table（テーブル）」とか「dog（ドッグ）」とか「car（カー）」の類いだから、文科省内にも英検３級程度（指導要領の倍の二〇〇〇語程度）を半分くらいの生徒にはとらせたいとする見方もある。準２級はさらに高度で、高校二年級（三六〇〇語程度）の単語や文法を駆使できる能力が要求される。

さすがに、大学生ボランティアでは指導できないから、外から英語指導のプロを連れてくることになった。

二〇〇四年は講師を上智大学から招き、教員志望の学生ボランティアをアシスタントにつけた。〇五年は国際教育振興協会というＮＰＯから二人来てもらった。〇六年から（〇八年現在の三年生の一年時から）は近くの私塾の塾長に、〇七年の冬から（同様に現二年生の一年時から）は明星大学の准教授を中心とした研究チームに一任している。

地域本部主催であるから、参加者から月六〇〇〇円の月謝を徴収する有料コース（一コマ五〇〇円程度）。その中から講師には市価からはほど遠い謝礼をお支払いしている。「夜スペ」も同様だが、隣接する東京都の養護施設の施設長とも相談して、措置費（入所している子供の福祉をはかるために施設に対して支払われる運営費）の中からでも払える金額に抑えた。

通常、スイミングスクールでもピアノでも塾でも英会話教室でも、週一回一時間で月謝は九〇〇〇円程度が相場である（一コマ二〇〇〇円程度）。学校を使えば、募集にかかわる広告費、賃料、事務の人件費はかからないから、有償ボランティアでのわずかな事務費、そして同じく「志」で講師を引き受けてくださる外部の講師へのわずかな月謝で運営ができるのだ。

「英語アドベンチャーコース」の効果は、すぐに英検準2級取得者が倍増する結果となって現れた。三年時での準2級取得者が五人、一〇人、一五人（〇八年の卒業生）とふえてきた。3級もそれにつられるように当然ふえてくる。

ちなみに、〇八年現在の三年生には、二年時の学期末時点で英検2級一名、準2級一九名、3級四一名のタイトルホルダーがおり、学年の約半数が中学で要求されるワード数の倍を理解していることになる。しかも、中学二年までに、である。3級取得者が今後順調に育てば、準2級に何人もが合格するだろうから、あと三回の検定試験で三〇名を超えることが予測される。

これは、全国にある一万校の公立校の中では、トップランクに位置するはずだ。

しかも、メリットは「できる子」が検定に合格して喜んだというだけで終わらなかった。

この英語リーダーたちが授業でもほかの子を教えるという好循環を生んだのだ。「夜スペ」の試みに対して、「上の子を引っ張り上げると下の子が損をする」かのような批判があったが、これは学校現場の常識を知らない人の暴言である。下支えをしながら中上位の子を伸ばしていくと全体のチカラが向上するのは、ベテランの教師ならみな知っている学校集団の効果である。なぜなら、生徒は教師からのみ学習しているのではなく、生徒同士で学び合うものだからだ。

区の学力調査でも、英語の成績では、それまで中学校二三校中一六位から二一位をウロウロしていたものが、一気にトップに躍り出る結果が出ている。

区や都や国がおこなう学力調査では、基本的に教科書に準拠したやさしい問題が出るから、上の子を伸ばすだけでは平均点は上がらない。どんなにできる子でも一〇〇点以上はとれないからだ。だから、下支えと上からの引っぱり上げが相乗効果を持って全体を押し上げ、成績の分散がよりよいほうに向かって小さくならないと、平均点の上昇にはつながらないのである。

こうして、「英語をもっとやりたい」という、本来なら「吹きこぼれ」となってしまう意欲に燃えた生徒たちにもっとやらせる機会を与えた結果、学校の授業にもよい結果が跳ね返ってきたのを見届けてから、「夜スペ」の企画は始動した。

英語でできるなら、数学でも国語でも同じ効果が現れるだろうというわけだ。

誰でも経験があると思うが、テニスでもスキーでもゴルフでも将棋やゲームの類でも、ある程度上達すると人に教えたくなるのが人間の本性だろう。公立校でも、もっとやりたい子を伸ばし、教科ごとに得意な子を増やすことで、教師をサポートして不得意な子にも教えられるリーダーが育つ。

すると、全体を伸ばす結果に結びつくのである。

なぜ「夜スペ」を始めたか

「吹きこぼれ」をつくってしまうのが公立校の最大の弱点の一つだと気づいたときから、これをなんとか解決したいと考え抜いてきた。

ではなぜ、教員が「吹きこぼれ」をつくってしまうのか。

はじめに断っておくが、これは教員の力が足りないからでも、わざとサボっているからでもない。むしろ教員が真面目であればあるほど「落ちこぼれ」を救おうとするあまり、「吹きこぼれ」が出てしまう。公立校の宿命的なシステム上の欠陥（バグ）なのである。

どうしてか、説明しよう。

教員が限られたパワーを主にどこに意識を向けて注ぐかということだ。

あまり単純化するのはよくないと思うのだが、説明をわかりやすくするために、わざと通知表上の「5段階評定」で解説する。

まず、教員の意識が一番向くのは「3」の子を「4」にすることである。普通の子を押し上げてあげたい。誰だってそう思うだろう。

次に、できない子がかわいい。私自身は強いものしか生き残れないビジネスの世界から来たのだが、学校の世界に入った瞬間から自分も違うモードになったと感じた。やっぱり、できない子がかわいいのである。自分の子に対しては、できないと気が気ではないし、ダメじゃないかと怒鳴ってしまうこともあるにもかかわらず、である。

だから「1」や「2」の子をなんとか「3」に押し上げたいと思う。

最後にやっと「4」の子を「5」にする技術を教えることに意識が向く。

善良な教師ほど、この傾向は強くなる。誰も、この傾向を批判する人はいないだろう。まさに、教員の美徳である。

気づくだろうか。

ここで見逃されるのは、「4」や「5」の子をもっと伸ばして「6」をとらせることなのである。学校教育では、どうしても「できる子」を伸ばすことがエアポケットになってしまう。保護者もそれがわかっているから、東京などでは、ちょっと経済的にゆとりがあると、私立の中高一貫校に入れる流れができてしまった。

だから、英語アドベンチャーコースでは、大学の先生や塾の講師の力も借りて、文字どおり総力戦を試みた。教員たちの四コマ目の丁寧な授業やドテラでのフォローで底支えが効いていることも、遠慮なく上を伸ばす条件のうちだった。

では、国語や数学で、同じように中上位者を引っ張り上げるためにはどうしたらいいか？英語アドベンチャーコースに続いて、土曜日の午後に「数学アドベンチャーコース」と「国語アドベンチャーコース」を続けてやるか。それでは生徒の集中力がもたない。しかも、たいていの子は午前中「ドテラ」や「算数らくだコース」や「英語アドベンチャーコース」に参加してから、持ってきたお弁当を中庭などで食べ、そのまま部活に参加する。テニスやバスケットの子などは、ウエアを着て登校し、午前、午後とそのまま過ごすわけだ。

土曜日はもう使えない。

だとすると、放課後は部活や図書室での居場所を大事にする限り、夜の時間を使うしかない。

公立校のもう一つの弱点

これは、私立校がたくさんある東京のような都会に固有の問題かもしれない。

公立校のもう一つの弱点は、私立の上位校の進路指導ができないことだ。

東京では都立校も、西、日比谷、戸山のような進学重点校がみな入試を共通問題ではなく、自校作成の独自問題に切り替えたから、指導がしにくくなった。

受験には、「過去問」と呼んで、過去に出された問題に秋頃から徹底的に取り組むことが必要になるが、難問だらけでしかも別々の傾向のある進学校に、学校で個別の指導をするわけにはいかない。どれくらい難問かというと、たとえば日比谷が自校作成入試を始めた〇二年度の数学受験者の平均点は一〇〇点満点中四二・五点、その後も五〇点前後を推移するなど、難易度は非常に高い。学校だけではとても対応できないのだ。

いっぽう、中下位の子を中心に進路指導する場合、私立の下位校に「併願」というシステムで推薦入学の予約を取っておいて（まず行く先を確保しておいて）、都立で実力を試すのが一般的だ。経済的に厳しい状態の子が多ければ、なおさら都立を優先するパターンが多くなる。

学校には三学年の先生のところに、引きも切らずに私立の中下位校の入試担当者がやってくる。少子化の時代に、生徒を少しでも確実に集めるためだ。だから、中下位校の情報は先生方に豊富に入る。

でも、都立の進学重点校や私立の上位校（人気大学の付属校など）の進路指導にはもともと無理があり、そこは暗黙の了解で、データに裏打ちされた実績を持っている塾に頼ってきたのである。

したがって、私立の中上位校や都立の進学重点校を狙う生徒のほとんどは、塾のお世話になってきた。

こうしたダブルスクール化は、東京では、とっくの昔から起こっていた現象なのである。にもかかわらず、文科省や教育委員会、学者や教育評論家は、見て見ぬ振りをしてきた歴史がある。

学校の先生は「塾」といえばあんまりいい顔をしないで煙たがる。塾の講師は塾の講師で、学校の進みが遅いと文句を言ってみたり、あまり激しい部活には入らないほうがよいというような、余計なおせっかいをしてみたり。お互い、どんな宿題が出ているのか気になるはずだが、両者がコミュニケーションする機会は皆無だった。

考えてみてほしい。

学校の先生と塾の講師が取り合っているのは、同じ一人の生徒の時間なのである。今のままでは、生徒の両側に対峙して、こっちは右腕、そっちは左腕と、両腕を引っ張り合っている状態だ。生徒のほうにも、少なからず混乱が生じる。

だから考えた。同じ一人の生徒を両側から支え合って、対峙するのではなく、同じ方向を向いて歩けないのかと。

「夜スペ」には、「吹きこぼれ」対策のほかに、こうした公立校の進路指導上の弱点を補強する狙いもあったのだ。しかも、進路に関して塾と協力して指導できた場合、生徒の混乱も減少するはずだ。

さらに数学は数学、国語は国語、英語は英語の授業指導上の情報交換にまで関係が進めば、学校の先生にとってはまたとない刺激になるとも考えた。

じっさい、和田中の英数国には優秀な先生が多いのだが、できる先生（授業に魅力があり、かつ生徒の気持ちを引っ張れるだけの指導力ある先生）には意外と研修機会が少ない。東京都の教師道場や杉並区の研修会でも、いつも教える側に回ってしまいがちなので、自分の成長機会につながらないのだ。こうしたベテランの先生には、他流試合が必要だ。

和田中では、それぞれの教科で、普段の授業と「夜スペ」の授業の教務上の打ち合わせもできているし、お互いの授業を見学し合う交流も始まった。

つまり、「夜スペ」の三番目の狙いは、教員の研修効果だったのだ。

学校で時間外にやっている塾でなければ、わざわざ先生たちが見に行くわけはないだろう。塾の講師が学校の授業を見に来ることもない。

ここに「つながり」をつくりたかった。

もう、読者は理解してくれたに違いない。

塾だって、地域の資源だ。「つなげて結べば」エネルギーが入ってきて、学校が活性化する。なにより、生徒が刺激を受け、より動機づけがはかれるのだ。

なぜサピックスだったのか

塾業界でさえも「夜スペ」に対して反発を覚える人が多かったのは、今回のパートナーが「サピックス」という、ある種、象徴的な存在だったからだろう。

都会の小さな私塾にとっては、大手進学塾は脅威でもある。「英語アドベンチャーコース」の講師には、〇六年から隣町（中野）の私塾の塾頭に来てもらっているのだから、今回も「数学アドベンチャーコース」や「国語アドベンチャーコース」として、それぞれ地域の私塾からやる気のある講師を見つけて来てもらう手もあった。もちろん、「理科アドベンチャーコース」や「社会アドベンチャーコース」だって実現可能だ。

そのように丁寧に地域社会から人材を発掘するのが筋だったかもしれない。また、そのようにしていれば、これほどの反発は生まれなかっただろう。

しかし、実務的には、教科ごとに異なる塾頭や講師を頼んだ場合、相当な混乱が生じてしまう。

簡単にいうと、個人に頼んだ場合、もし、その講師がインフルエンザで倒れたりしたら、長期にわたって休講になる。とくに夜間にまとまった学習時間を設ける前提では、リスクが高すぎる。だから、リスクヘッジのためにも、週一二時間（土曜午後の質問タイムを合わせると一四時間）、年間六〇〇時間（同七〇〇時間）をこなせるパートナーは、組織である必要があった。必ずしも会社である必要はないが、組織なら、万が一いつもの講師の都合がつかなくなった場合でも、力量が同程度の替わりの講師を手配するに違いない。

力量がある講師を抱える組織ならどこでもよかったわけだから、必ずしもサピックスである必要はなかった。

じっさい、一二月の生徒と保護者向け説明会のおりには、サピックスが期待に応えられなかった場合に備えて、以前から縁のあったベネッセグループの担当者や他の塾の塾頭にも後ろに控えて見学してもらっていた。いざというときのバックアップのためである。

全国の中学校でこうした取り組みを進めるような場合には、「学校支援地域本部」が校長とともに、地域の私塾から大手チェーンまでを含めて合理的にパートナーを選択すればいいと思う。

まず土曜の午前中に宿題の補習を主におこなう「ドテラ」を開設し、そこに、和田中のように大学生の導入がむずかしい地域では、地域の塾の塾頭や講師たちに来てもらったらいい。

複数の塾に声をかけて、さながら「塾の見本市」のような感じにすれば、文句は出まい。生徒たちは、自然に教え方の上手い講師と馴染むようになるだろうから、ダメ講師は淘汰され、新陳代謝も起こる。胸にプラカードをつけて、先生の名前と塾の連絡先を明記してもよい。それで気に入って、土曜とか平日の夜にその塾に通うようになれば、塾だってうれしい。だから、土曜の午前中の補習学習はタダで来てくれと取引すればいいのだ。公正な取引（フェア・ディール）である。

いっぽう、今回の和田中「夜スペ」では、サピックスが選ばれるのが必然だった理由もある。こんな経緯だ。

「英語アドベンチャーコース」を数学、国語にも拡大して、勉強で伸びる子をもっと伸ばしてやれる機会がないか、と考えていた私のところに、一通のダイレクトメールが舞い込んだ。〇七年一一月初頭のことだ。

サピックスの企画営業部からの手紙で、次のようなことが提案されていた。

①平日六、七時間目の時間帯に補習をおこなうニーズがあれば、サピックスの講師を無料で派遣します。
②ただし、教材費と交通費は払ってください。
③土曜日の午前中でも対応できます。

この手紙を読んで、なるほどなあ、と思った。平日の夜や土曜日の午後の時間を避け、塾の営業時間外に空いている講師を利用して販売促進をはかる上手い方法だからだ。

まず、塾の販売促進活動としては、よくできた企画だなと感心した。ただ、外と手を組んでの仕事に慣れていない内向きの校長がほとんどだから、この手紙への反応は、公立中学校からは皆無であろうとも想像できた。

また、サピックスの狙いとすれば、どうして普通の公立中を対象とする必要があるのだろう、とも考えた。

彼らの特徴は、偏差値でいえば60前後の子を70に押し上げるハイエンドだけをターゲットにして来たはずだ。たしかにオイシイ市場だろうが、たぶん、そこだけでは少子化で行き詰ってしまう。港区に早稲田アカデミーが食い込んで土曜日の補習を丸抱えしていることにも危機感を持っているに違いない。ターゲットを少し下に降ろしてマーケットを拡大したいんだな、とすぐに気づいた。偏差値でいえば45から55くらいの普通の子を60くらいに伸ばすノウハウをつかみたい。と同時に、受験実績も伸ばしたいに違いない。

だとすれば、組める。

成績「4」や「5」の子を伸ばしてくれるのなら、「吹きこぼれ」をつくりたくない和田中のニーズに合致する。

私はすぐに校長室の受話器を取って、サピックス営業企画部の担当者と話し、できるだけ早急に決済ができる責任者と会いたいと申し込んだ。

最初の面会は同年一一月六日（火）の午後の校長室。先方は営業企画の責任者と教務の課長の二名だった。

私は、すぐに今回のダイレクトメールの提案には興味がないことを伝えた。なぜなら、和田中は「四五分週三二コマ授業制」に移行していて、月から金まですべてに六コマの授業があり、かつ火曜日と金曜日は七コマあるからだ。土曜日にもすでに「英語アドベンチャーコース」がある。

そのかわり、もし、あなたたちが公立校の先生・生徒や「地域本部」と組んで、新しい指導ノウハウを開発したいということなら、組める余地がある。その場合、塾にとっては一番かきいれどきの夜の時間に講師を派遣するのはありかどうか、とまず問いかけた。

「やります」との答えだった。これで、第一段階は合格だ。

では、次に、私のほうの条件を三つ示すことにした。


一つ。料金は通常の半額以下で、だいたいの目安として、生徒一人当たり一コマ五〇〇円でやってもらえるかどうか。なぜなら、その料金は「英語アドベンチャーコース」で実績があり、隣接する養護施設の施設長とも話して、そこまでなら養護施設の子も措置費から出せるギリギリの線なのである。もっとも、地域本部が月謝を集め、そこから有償ボランティアの報償費や事務経費を引くから、これがそのままサピックスに支払われるわけではない。完全に赤字のはずだ。彼らが引き受けるとすれば、このノウハウの開発行為を「投資」と見るときだけだろう。

二つ。ＰＩＳＡ型の学力を高める技術を磨いてもらいたい。受験技術に留まらず、「よのなか」科の延長線上で、高校、大学に入っても実社会でも通用する「論理的思考」を身につけさせたい。英数国ともじっさいの世の中での現象と知識との「つながり」を重視して教えてほしい。とくに数学を重視したいので、カリキュラムとしては倍とることにする。週に四日間で三コマずつ一二コマの授業をするとすれば、六コマを数学とするのだ。ＰＩＳＡ型数学については、私にも著書（ちくま文庫『人生の教科書［数学脳をつくる］』岡部恒治教授との共著）があるので参考にしてほしい（本書第３章でも詳述する）。この教材の開発については、和田中の数学の教員との協業もありうる。

三つ。部活を一所懸命やっている生徒たちにも機会を与えたいので、六時半から学校で生徒と一緒に食事をとってもらって七時スタートは可能か。六時から七時の間に勉強以外のコミュニケーションタイムをとりたいという意図だ。また、土曜日の午後には、その週に習ったことのうち理解できなかったところを質問できる時間をとってほしい。その間に保護者からの進路の相談もあったら受けてほしい。これも上記料金に含まれる。このときには英数国すべての講師がそろう必要があるから、拘束時間が三教科の講師とも多くなるが大丈夫か。

責任者は、これらをほとんどすべて即決した。
であれば、乗れる。一月から始められる。
私からすれば「飛んで火にいる冬のサピックス」だったわけだ。もちろん、先方にとっても
うまみはあったはずである。
心配だったのは、ＰＩＳＡ型の問題の開発に考え方のズレがないかという問題だけだったの
で、一二月中に英数国とも問題の見本をつくってもらい、プレゼンしてもらうことにした。
「地域本部」の事務局長やドテラの実行委員長には直後に相談し、以降のスケジュールは次の
ように進んだ。

一一月　六日（火）夕方のＰＴＡ役員会で意見を聴く。

（この間二週間であらゆる可能性を含めて検討しながら、関係者に相談）

一一月二〇日（火）午前中に隣接する養護施設の施設長と月謝について相談。

一一月二〇日（火）夕方、カリキュラム案のプレゼンを塾側から「地域本部」の実行委員会で
してもらい、内容を検討する。

一一月二九日（木）ＰＴＡ運営委員会にて基本的な考え方を報告、意見を聴く。

一一月三〇日（金）経営会議（主任格の教員が参加する学校運営会議）でプレゼンし、意見を聴く。

その後、学年会でも意見を聴いてもらう。翌週には保護者への説明会の案

内を届ける旨、「地域本部」事務局長より報告。

一二月　八日（土）説明会。

一二月一六日（日）入室テストと実行委員会の組成並びに委員長・副委員長決め。

一二月一七日（月）テスト結果の報告。その後、サピックス教務部と和田中教務の合同ミーティングがあり、英数国の教科ごとに擦り合わせがおこなわれた。このとき、ＰＩＳＡ型のワークシートのあり方について、各教科（とくに数学科）からのプレゼンがおこなわれた。

一二月一八日（火）「地域本部」実行委員会にて再度、方針の確認と役割分担。

一二月二一日（金）秋学期終業式。

塾の費用を抑える

まず、私が意識したのは、塾にかかるお金の高さである。自分でも三人の子を育てているからこそ、わかることでもある。もちろん、これは東京現象と呼ばれる特異なものだ。

端的にいえば、一般に上位校と呼ばれる高校に進学するためには、小学校から中学受験をさせて一貫校に入れる場合、小学校からの塾代と私立中学の授業料で数百万円になる。また、公立中学校に入れて一年生のときから塾通いをした場合でも、やはり百万円単位のお金がかかる。

和田中では、なんとかこれを抑えられないか、と考えたわけだ。

のちに示すように、「地域本部」が学習サポートをする一年時の「ドテラでの自学自習」と、主に二年時の「英語アドベンチャーコースでの週三コマの英語学習の積み増し」、そして主に三年時の「夜スペでの英数国三教科の演習」を組み合わせれば、三年間で三六万円強（生活保護世帯や養護施設の場合には二二万円程度に減額）。

つまり、月に一万円（同、月六〇〇〇円）程度で、上位校へのチャレンジも可能になるのだ。

もう一つ、公立の中学校では、どうしても「丁寧に、細かく、まんべんなくやる子」がよい成績を取る。絶対評価と観点別評価が入ったことで、この傾向は強まった。提出物をすべて出すとか、こまめに質問するとか、同じ種類の問題を出しても間違えないとか。

だから、男の子に多いように、ムラのある子は（学校の成績においては）割を食う。五年間現場にいただけでも、男の子と女の子は成長カーブが違うと実感した。

小学校の高学年から中学校にかけては、だいたい二年くらいは女の子のほうが成熟度が上だろう。昔の先生は、中二の夏休みで男の子のカーブと交わるといい、ちょっと前の先生は高校二年ではないかという。もしかしたら、一生追い越せないカーブなんじゃないかとも思える。

螺旋《らせん》を描いて波打つように上がったり下がったりしながら成長する子の中には、教員と相性が合わなくて、わざと提出物を出さなかったりする子もいる。反抗期なのである。そうすると、技術家庭や音楽や美術では、テストで九〇点以上とっても評定「3」ということがありうる。

二〜三教科にそうしたムラがあると、都立校の入試では内申点が低くて不利になってしまう。じつは私の長男がそうだった。

こうなると、三教科を猛勉強して大学のある私立付属校で勝負するしかない。

ところが、公立の中学校では、そうした私立の中上位校の進路指導がまるでできない。

考えようによっては、東京では異常とも思える中学入試を避け、高校入試一発に賭けるのも悪くない選択だ。とくに、私立の上位校では、中学入試より、高校入試のほうが入りやすいところも少なくない。

私は、二〇歳までに一度くらいは、これ以上勉強したことがないというほど頑張ってみるのはよいことだと考える。集中力を鍛えるのには、受験はいい機会だからだ。だから、男の子にとってはとくに、高校入試に賭けるサポートが必要だなと考えていた。

機会均等を促す

さて、「夜スペ」は新聞でこの試みが発表されたとたんに、「教育の機会均等をはばむ」と各方面から批判されたのだが、事実は逆なのである。むしろ不完全ながらも「教育の機会均等」を促す試みなのだ。

「夜スペ」について、「一部の〈できる子〉などを優先・優遇し、教育機会の格差拡大を促進する」という批判もあった。

しかし、これらの議論ですっぽり抜け落ちているのが、公立の生徒はやがて、大学入試で、中高一貫の私立高校の生徒と同じ土俵で大学入試を闘わなければならないという視点である。

近年、首都圏における難関大学の入学者に、中高一貫校の生徒の占める割合はますますふえている。こうした中高一貫校の生徒に伍して難関大学に入学するには、都立高校でいえば、独自入試を実施している進学重点校、そして数少ない高校募集をしている私立の難関校に入らなくてはならない。

ところが、こうした学校には、公立中学校で指導要領の範囲内を勉強しているだけでは合格しない。合格するためには、進学塾に通わなくてはならない。しかし、その進学塾の費用はばかにならないのである。

「塾に通わなくても、学校の勉強だけで十分、上位校に合格できる」と主張する人がいるが、そう主張する人は、現在の公立中学校の英語週三時間、数学週三時間のカリキュラムの中で、何がどこまで教えられているのか、教科書をいっぺんでも開いてみたことがあるだろうか？ あるいは、上位校と呼ばれる高校の入試問題で、いかに教科書と乖離《かいり》した内容が出題されているか、確認したことがあるのだろうか？

たとえば、早慶、ＩＣＵ高校レベルの数学では、フェルマー点やシムソンの定理など、教科書にはまったく記載のない問題が毎年のように出題される。「資料」を読んで内容を理解してから解くという体裁になっているが、一読して理解できるほど単純でないことはいうまでもない。だから、事前の対策が重要なのだが、そもそも学習指導要領外の出題だから、学校で教えるのは事実上不可能である。

あるいは、年々長文化する傾向のある英語についても、学校だけでは太刀打ちできない。公立中学のカリキュラムでは一〇〇〇語程度の語彙しか身につかないが、上位校では高校レベルの単語が当たり前のように出題される。英語で有名なＩＣＵ高校では、五〇〇〇語程度は身につけないと読めない、という分析もある。

公立中学に通う子の中には、優秀ではあっても、進学塾に行かせるだけの資力のない家庭もたくさんある。

「夜スペ」はそうした家庭でも、たとえば生活保護を受けている家庭であれば数千円の月謝だけで、進学塾の指導を受けられるようにした。

むろん、そもそもの受験制度が悪い、学習指導要領がよくないという議論はあるだろう。しかし、私たちの目の前には、じっさいにそうした状況のなか、受験に挑む子どもたちがいる。

私は「不健全な理想主義（アイデアリズム）」よりも、目の前の子どもたちに対応する「健全な現実主義（リアリズム）」をとりたい。

①小学校から塾に入れ、中学受験をさせて、私立の中高一貫校に入れた場合

②公立中学へ入れ、中学一年生から三年間塾に入れて、高校受験をした場合
③和田中方式で、学校と「地域本部」のサポートを併用し、高校受験した場合

この三つのケースについて、日能研などの調査に基づいて中学三年間にかかる教育費を試算すると、

①私立中学に入れたら三〇〇万円。しかも中学受験のための進学塾費用は別。
②中一から三年間塾へ行かせて高校受験すると、一〇〇万～二〇〇万円。
③和田中方式で「地域本部」のサポートをフルに使うと三六万五〇〇〇円（生活保護世帯と施設の子では二二万円程度）。

となる。つまり、真の「機会均等」の立場からいうと、

①小学校から中学まで数百万円かけられる家庭しか、私立の一流校へは行けない。これを「不平等」となぜ指摘しないのか？
②中学校でも、いままでは、子どもに一〇〇万円単位のお金をかけられない家庭では、上位の高校にチャレンジすらできなかった。これを「格差」となぜいわないのか？

コース別・大学受験までの流れ

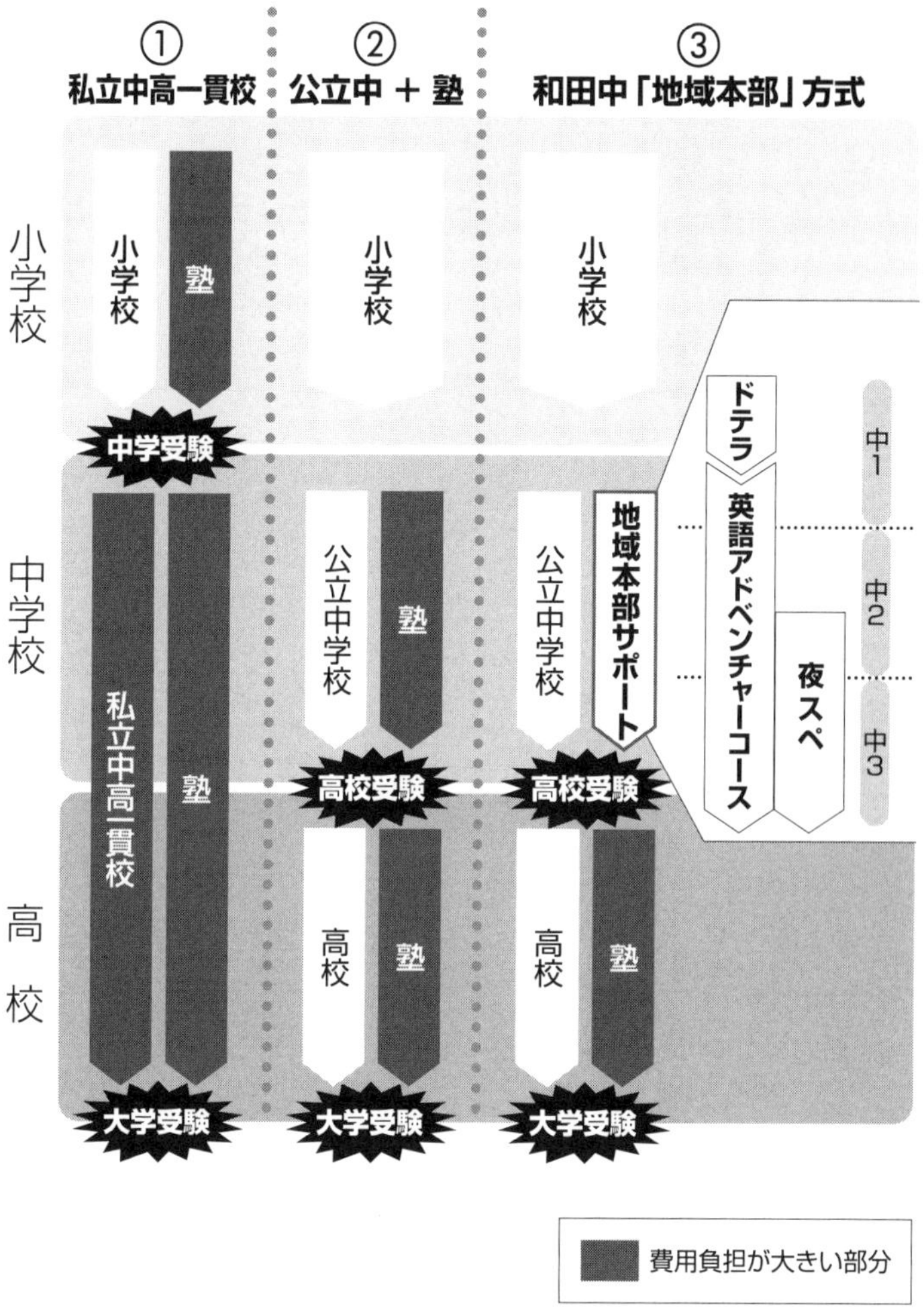
①
私立中高一貫校
②
公立中 ＋ 塾
③
和田中「地域本部」方式
小学校
中学校
高校
小学校
塾
中学受験
私立中高一貫校
塾
小学校
公立中学校
塾
高校受験
高校
塾
大学受験
小学校
公立中学校
地域本部サポート
高校受験
高校
塾
大学受験
ドテラ
英語アドベンチャーコース
夜スペ
中1
中2
中3
費用負担が大きい部分

③和田中では、本人にやる気さえあれば、月一万円（経済的な問題を抱える子の場合は月六〇〇〇円程度）で、三年生までに上位校を受験するチカラがつく。これこそ、完全ではないが「公平」な教育機会の提供だと思うが、どうなのか？

なぜ、こういうことがきちっと議論されないのだろう。不思議だ。ぜひとも、評論家の方々に答えていただきたいものだと思う。

「夜スペ」の実際

ここで、あらためて「夜スペ」の概要を簡単に説明しておこう。

基本的には、和田中の中に事務局を置く「地域本部」という任意団体（学校支援のための地域のボランティア集団で、〇八年四月からＰＴＡ組織も合体する準備を始める計画）が主催する私塾で、平日の夜間と土曜午前中の教室を使って、塾の講師を招いて進学のための学習指導をおこなうものである。

名称は「夜スペシャル（略称「夜スペ」）」。

「地域本部」では、「ドテラ」で、大学生や団塊世代のシニア・ボランティアのサポーター（広く学習ボランティア、略して学ボラと呼んでいる）とともに土曜日に生徒たちの生活習慣をつけ

コース別・中学時代にかかる費用

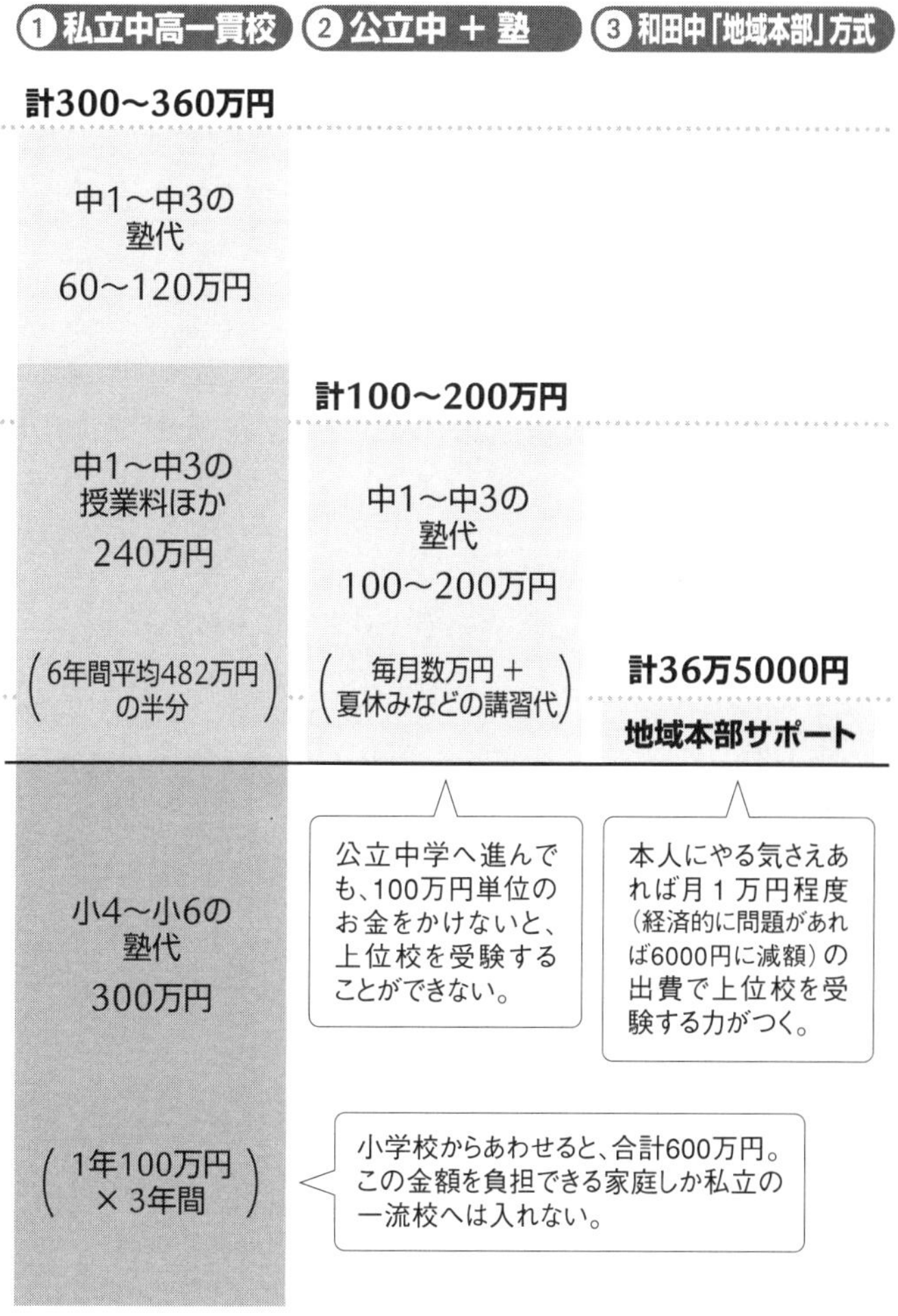

①私立中高一貫校
②公立中 ＋ 塾
③和田中「地域本部」方式
計300〜360万円
中1〜中3の
塾代
60〜120万円
中1〜中3の
授業料ほか
240万円
（6年間平均482万円の半分）
小4〜小6の
塾代
300万円
（1年100万円×3年間）
計100〜200万円
中1〜中3の
塾代
100〜200万円
（毎月数万円＋夏休みなどの講習代）
計36万5000円
地域本部サポート
公立中学へ進んでも、100万円単位のお金をかけないと、上位校を受験することができない。
本人にやる気さえあれば月１万円程度（経済的に問題があれば6000円に減額）の出費で上位校を受験する力がつく。
小学校からあわせると、合計600万円。この金額を負担できる家庭しか私立の一流校へは入れない。

ることを第一に考えている。宿題を中心に自学自習するのが基本だが、夏休みにも二〜三週間、エアコンの設置された図書室や視聴覚室を開放し、学ボラと学習する企画がある。これを「サマースペシャル（略してサマスペ）」と呼んでいたので、今回の企画は「夜スペ」と呼ばれることに。

では、「夜スペ」の特徴を挙げてみる。

その一。「地域本部」主催とはいっても「ドテラ」とは違って補習塾ではないから、進学を目指してもっと勉強したい意志のある生徒を募集する。したがって、学校での勉強に余裕を持ってついてこられる生徒（成績の中上位者）が対象となる。本人が判断できるはずだが、ギリギリの場合には相当の努力をするか、むしろ「ドテラ」で個別指導を受けたほうが適している場合がある。

その二。「地域本部」主催の「私塾」であるから、市中より安いけれども月謝を払わなければならない。月・水・金と週三回夜間に通うコースは月一万八〇〇〇円。土曜の午前中も加えて週四回通うコースは二万四〇〇〇円（一コマが約五〇〇円）。平日は午後七時から九時半過ぎまでの三コマ。土曜は午前九時から一二時前までの三コマ。生活保護世帯や養護施設から通っている生徒には、上記料金の半額としている。

和田中「地域本部」の学び3年間フロー

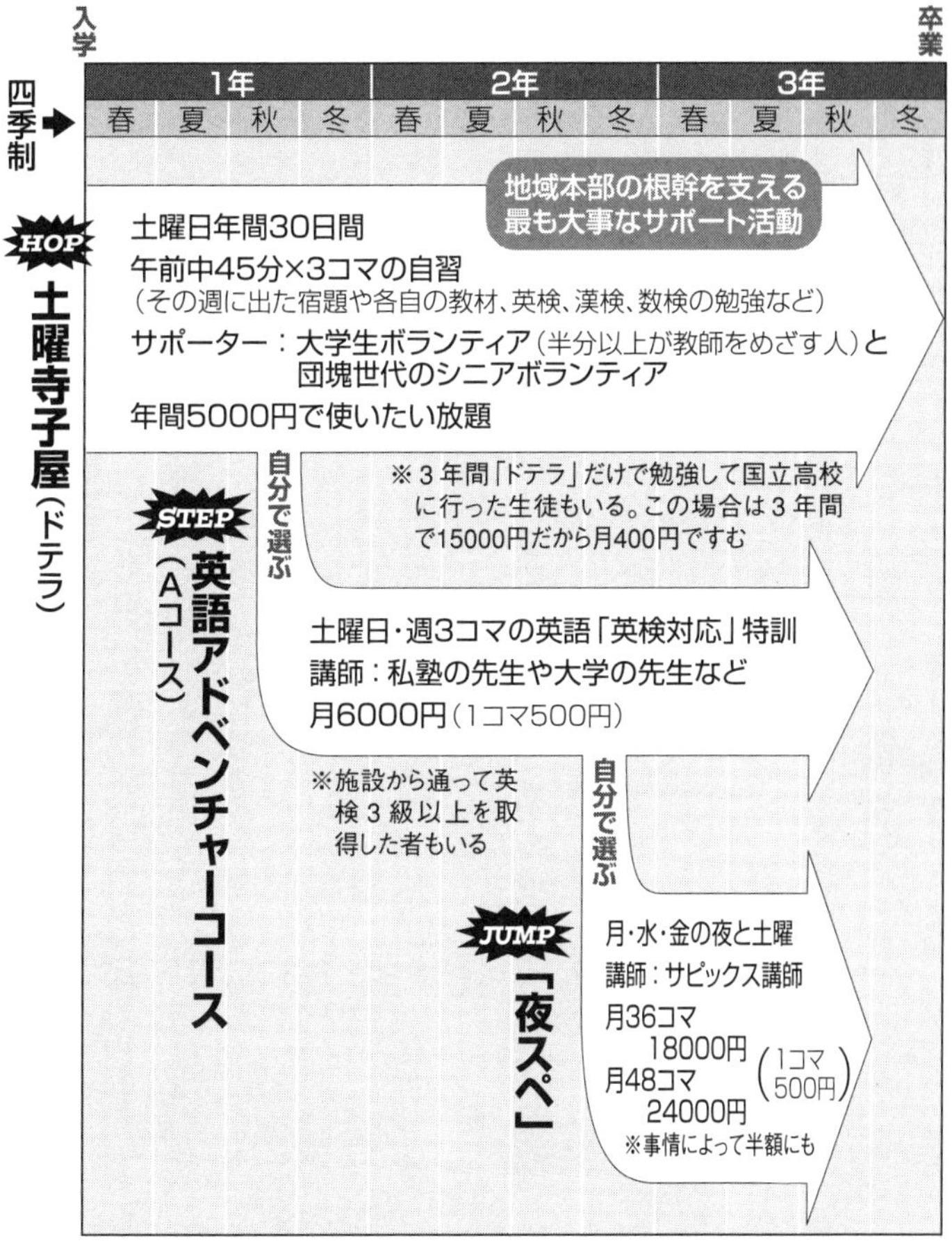
入学
卒業
1年
2年
3年
四季制
春 夏 秋 冬 春 夏 秋 冬 春 夏 秋 冬
地域本部の根幹を支える最も大事なサポート活動
HOP
土曜寺子屋（ドテラ）
土曜日年間30日間
午前中45分×3コマの自習
（その週に出た宿題や各自の教材、英検、漢検、数検の勉強など）
サポーター：大学生ボランティア（半分以上が教師をめざす人）と団塊世代のシニアボランティア
年間5000円で使いたい放題
自分で選ぶ
※3年間「ドテラ」だけで勉強して国立高校に行った生徒もいる。この場合は3年間で15000円だから月400円ですむ
STEP
英語アドベンチャーコース（Aコース）
土曜日・週3コマの英語「英検対応」特訓
講師：私塾の先生や大学の先生など
月6000円（1コマ500円）
※施設から通って英検3級以上を取得した者もいる
自分で選ぶ
JUMP
「夜スペ」
月・水・金の夜と土曜
講師：サピックス講師
月36コマ
18000円
月48コマ
24000円
（1コマ500円）
※事情によって半額にも

★ 1～3年までの3年間、「**ドテラ**」「**英語Aコース**」「**夜スペ**」を利用すると

3年間で **36万5000円** (月1万円) で**上位校受験も可能に!!**

その三。とくに平日は、部活を一所懸命やっている生徒のために、夕方六時半から七時に食事タイムをとり、実行委員のお母さんたちや地域本部のスタッフが交替で希望者に夕食を出すことにした（区議会で問題になり、その後改革された）。塾の講師も生徒と一緒に食べるから、コミュニケーションタイムにもなっている。また、夜のお迎えにはお父さんたちにも活躍してもらう。PTA活動では滅多に顔を出さないお父さんたちも学校に協力してくれている。

その四。カリキュラムは英数国の三教科で始める。全一二コマのうち、数学を重視して六コマとした。受験学力だけではなく、高校、大学から社会人になっても使える「数学的な思考」「論理構成力」「情報編集力」を身につけさせるためだ。そのため、基本的には全教科にサピックスの教材を使うが、PISA型思考力アップのための独自教材も開発することにした（詳細は96ページを参照）。

その五。土曜日の午後には午後一時から三時まで質問タイムを設けて、その週にわからなかったことをフォローできるようにした。また、この時間は全教科の講師が揃うので、保護者からの進路の相談も受けられる。〇八年一〜三月の試行期間を経て、質問自体が少ないことがわかったので、この時間も授業をするか、それとも理社のフォローに使うか、実行委員会が検討しているようだ。このように、試行錯誤でどんどん改善してゆく。

結果的には、〇八年一月のスタート時には一九名が参加意思を表明。

一九名全員が、前年の一二月一六日（日）に一時間半（英数国）の入室テストを受け、「夜スペ」を年明け一月九日（水）から受講することになった。入室テストの当日には、保護者もほぼ全員集合して実行委員長一名と副委員長二名が決まり、今後は試行錯誤しながら、実行委員会が地域本部のスタッフ（「夜スペ」開設準備室長）とともに一切の決めごとを取り仕切っていくことが確認された。

ここからは自主運営の段階となる。だから、実行委員のお母さんたちは、生徒たちの期待に応えられるよう段取りを整えるため、一二月末から一月初めにかけて、何度も打ち合わせを持ったはずだ。

都教委の論点

〇八年の正月が明けて一月六日（日）に学校に出勤してみると、杉並区教委の庶務課長から電話がかかってきた。都教委から「夜スペ」に関する質問書が来ているという。

私も午後から区役所に赴き、教育長他と回答書の中身を検討してから家に帰った。多くはすでに検討済みのことだったので、真摯に回答すればいいと考えた。

ところが翌一月七日（月）、杉並区教委の教育長が都教委に呼び出されて「指導」を受けるという事件が起こった。

この件は、一部の都議会議員によって意図的に仕掛けられたものであることはわかっていたから、まさか都教委が「指導文書」を出してくるとは思わなかったのだ。

では、正確には、どういう指導を受けたのか。

指摘された三つのポイントを列挙してみよう。

①同取組は、地域本部の主催とされているが、同時に当該学校の教育課程外の教育活動となっており、その実施に当たっては、参加方法、費用の負担、対象者等について、義務教育の機会均等の確保という観点から疑義がある。
②同取組は、地域本部が公の支配に属さない特定の私塾に運営させることから、都民に特定の私塾の学校施設利用と取組の営利性を疑わせるものであり、こうした取組を、教育財産である学校で実施することは、公立学校施設の公共性・非営利性に反するおそれがある。
③同取組に用いられる教材の開発に校長及び教員が関与することについて、教育公務員の兼業・兼職の適正な手続きの観点から疑義がある。

以上、三点を指摘したうえで、都教委は区教委に一月七日付けで再考を求めた。

これに対して、区教委は和田中の校長ならびに和田中「地域本部」とともに「夜スペ」の二週間延期を決め、その間に指摘されたポイントについて、真摯に問題をクリアしていくことにした。

私自身も「地域本部」も、もともと一月から三月の間は試行期間ととらえており、その間に実行委員会がさまざまな検討を重ねてシステムを手直ししていくつもりでいた。四月までに文書類を整えていけばいいかなと考えていたのだ。だから、かっちりした協定書のようなものやサピックスとの覚え書きも用意していなかった。

あらためて、二年生のスキー教室（菅平で三泊四日）実施直後の〇八年一月二六日（土）をスタートと決め、その間に区教委の指導を受けながら、都教委が必要とする文書を仕上げていった。

しかし、翌日には、早くも都知事の「夜スペ」擁護発言と文部科学大臣の地域での工夫は推進すべきという発言が続き、マスコミのトーンもガラッと変わってしまった。その週に報道された東京都の教育委員の会議でも、地域社会でのさまざまなチャレンジになるべく水をかけないようにしてほしいという趣旨が確認された。

ある評論家などは、当初「夜スペは公教育を崩壊させる」とまで強く批判していたのに、風向きが変わると、「成績の上の子も伸ばしてあげることは重要」などと、あっという間に発言を翻した。最近では、まわりの空気が読めない人物を「KY」と呼ぶようだが、空気を読みすぎるのも考えものだ。

さて、一月二三日(水)には、一連の検討を終えて杉並区教委は次のような見解を都教委に報告。都教委がこれを了承して、「夜スペ」の実施が容認されることになった。

本取組は、地域本部が主体となっておこなう「学校の教育外活動」である。

指摘された疑義については、

①義務教育の機会均等の確保について

地域本部では、すべての生徒に対する学習機会の充実と費用負担への的確な配慮に務め、責任をもって保護者等に説明し、理解を図るよう助言していきます。

②公立学校施設の利用について

本取組は、公共性が認められる地域本部の学校支援活動であること、また、費用は実費相当の範囲内であり、営利性はないものと認められる。

③教育公務員の兼業・兼職について

教材は、地域本部の提携先の私塾が開発することとし、教員は地域本部と連携しながら相談に応じることにします。兼業・兼職の手続きは必要に応じておこないます。

③に関連して、当初は塾の講師と教員が力を合わせてＰＩＳＡ型学力を向上させるための問題をつくることを意図したのだが、これはあきらめざるを得なかった。

報酬が発生するものではないから兼業の問題はないのだが、誤解を受けては教員に迷惑がかかる。だから、相談の範囲とした。学校の通常の授業で生徒指導にも活かせる教材が共同開発できる可能性があったので、悔やまれる。

普通の学校だったらあきらめていた

このやりとりを通じて、私が感じたことは三つある。

一つは、こういう指導をひとたび教育委員会がすれば、普通の学校だったら、やろうとしていたチャレンジをすべてあきらめてしまうんだろうなあ、ということ。

二週間の延期を決めた「夜スペ」実行委員会で、地域本部の高木準備室長が呟いた言葉が今も耳に残る。

「こういうふうに、みんな潰されていったんでしょうねえ」

地域社会のチャレンジも、学校の先生の大胆な取り組みも、学校長の英断も……、こんなふうに疑義を匂わせるだけで容易に潰せる「空気」が、教育委員会という組織を支配している。

今回は、区長と教育長に、現場のチャレンジを守ろうとする強い意志が働いたから頑張れた。


二つ目には、文科省と学校現場の間に巨大な官僚機構が介在すると、好むと好まざるとにかかわらず「文書」が膨大にふえ、事務処理が煩雑になる事実だ。

都教委は当然、「夜スペ」についての計画を知っていたはずだ。一二月九日の大手新聞一面トップを飾った教育関連記事をファイルしていないわけがない。なぜ、それから一カ月も経ってから「指導文書」を出してきたのか。

おそらく一人の都議が出した疑義を、そのままにしておくわけにはいかなかったからだろう。

こういう文書を一般に「免責文書」と呼ぶ。

「こういうことに関しては注意してくださいね」、「私はもうあなたに注意しましたからね」、「事後に事故や事件が起こったとしても、私はすでにあなたの注意を喚起していたのですから、私の部署に責任は発生しませんよ」という意味の文書である。上位のものが下位のものに調査してきたり、現場に「収受文書」として通達してきたりする。

たとえば、イジメ自殺問題がどこかで起これば、国会議員が質問し、文科省がそれに答えるデータを取るために全国にアンケートをとる。都道府県議会議員も議会で質問するから、また都道府県教委もアンケートをとる。市区町村議会議員も質問するだろうから、市区町村教委からも学校現場にアンケートが来る。

中国産毒入り餃子事件が起これば、給食に中国の食材が使われていないか、アンケートが来る。同じように、環境教育はどうなっているか、IT化は進んでいるか、福祉ボランティア体験はどうか、国際理解のための国際交流にはどう取り組んでいるか、特別支援教育は、いのちの教育は、こころの教育は、キャリア教育は、起業家教育は、食育は、性教育は、ゴミは、リサイクルは……、ありとあらゆるアンケートが学校現場に降り注ぐ。

その事務を処理する教頭と、間に立って事務の受け渡しをする指導主事は、これらの仕事だけで手一杯になる。官僚機構の肥大化は、教室を廻って授業を観ることのできない教頭と、学校を廻ってノウハウを吸収する暇もない指導主事を増産してきた。

この悪循環を断ち切りたければ、徹底的に権限を学校現場に落とし、地域社会と学校を信用する前提で、末端の自治体に学校運営を任せるしかない。

フィンランドがこれをやった。

市区町村レベルまで校長の任免権を落とし、その校長が教員の採用を決定できるようにした。国は基準をつくるが、基本的に、教科書の選択や具体的なカリキュラムは現場の教師の裁量に任せている。

断っておくが、文科省の役人にも、都教委の役人にも、区教委にも、学校の邪魔をしてやろうという輩がいるわけではない。それどころか、たいがいは一所懸命仕事をやる人たちだ。

しかし、日本のシステムでは、間に入った官僚機構が善良に正しく仕事を遂行しようとすればするほど文書がふえ、現場にいらない事務が降ってくる構造になっている。結果、小学校で年間に四〇〇、中学校で二〇〇といわれるようなアンケートの山になる。現場の先生たちが生徒に向き合う時間を邪魔する悪弊である。

杉並区教委はこれに早くから気づき、いらないアンケートを現場に降ろさないようにした。じっさい、現場で処理する文書量はこの二年で格段に減っている。

また、文科省にも、現場に降り注ぐ「免責文書」を削減すべくプロジェクトチームが立ち上がったと聞いている。たぶん、私が、手元に届いた一週間で一〇〇ページにわたる文書の束を、イジメ問題への対処のために招集された委員会で、副大臣と初中局長に渡したのが効いたのだろう。

お渡ししたプレゼントは、文書のコピーではなく現物だった。今も返してもらってはいないが、まったく支障がない。

結局、なくても困らない書類ばかりだったのである。

三つ目は、組合というものの不思議である。

じつは、都教委からの指導文書とは別に、抗議をおこなった都議会議員が教職員組合の幹部と一緒に出した質問書がある。

このなかに、驚くべき内容が含まれていた。

塾の講師が教えることで、教員に対する生徒の信用にダメージが加わるのではないか、という疑義が提示されたのだ。

暗に、塾の先生のほうが教え方が上手いと認めるかのような訴えだった。迎え撃とうと士気を高めるならいざ知らず、平日の夜や土曜日に塾と手を組むことを教員の地位の保全のためだけに反対するのは、生徒の利益を顧みない暴挙である。

現場で一所懸命にやっている学校の先生たちに失礼だとさえ思う。

現に、和田中の教員たちはびくともしなかった。生徒たちは、自分が「夜スペ」での学びに向いているかどうか、先生たちに尋ねたりもしていた。生徒と教員の間にきちっとした信頼感が醸成されていれば、授業以外の時間に、大学教授が入ってこようと、塾の講師が入ってこようと、元教員のサポーターが入ってこようと、ビジネスマンのゲストティーチャーが入ってこようと、気にならない。

目の前にいる生徒が、できないことをできるようにすること、わからないことをわかるようにすること。これが教師たるものの信条である。

であれば、同じ信条で結びつくことができる人々は、それがどこに帰属する人であれ、同志としてパートナーシップを組めるはずだ。

子どもたちは問題をどうとらえたか

第2章の最後に、和田中の生徒に登場してもらおうと思う。

「夜スペ」当事者の○八年現在の三年生ではなく、二年生（当時一年生）が、朝日新聞社の朝日中学生ウイークリー（○八年三月二三日号）に寄稿した「朝中特派員リポート」だ。

私が頼んだわけでも、教員が指導したわけでもない。現に私は、掲載されるまで、まったく知らなかった。生徒の名前は伏せて、引用する。

和田中の土曜は4パターンで平等

「夜スペ」。2月3日の朝中にも記事が載ったので、みなさんも聞いたことがあるでしょう。今、ようやくスタートし多くの注目を浴びている夜スペですが、スタートする過程には多くの批判もありました。しかしそれらの批判の中には、和田中生である私が「それは違う」と自信を持っていえるものもあります。例えば「成績上位者だけというのは公立としてやっていいことか。それは不平等ではないか」という批判です。これは和田中のことをよく知らないからこそできる批判だと思います。

和田中の土曜日には主に４つのパターンがあります。
１、英語コース（英語を伸ばしたい人）
２、らくだ（勉強の苦手な人）
３、土曜寺子屋（自分のやりたい教材を教えてもらう人）
４、夜スペ（勉強の得意な人）
このように和田中は成績上位者だけを優遇しているのではなく、成績上位者も平等に扱っているだけなのです。（中略）
みなさんも一点だけに焦点をあわせがちなメディアや大人の言葉を鵜呑みにするのではなく、広い視野で物事を眺めてみて下さい。今まで知らなかった違う側面がきっと見えてくるはずです。

マスコミの一時期の集中砲火や不勉強な評論家の物言いが、このような生徒を育ててくれるなら、もっと叩かれてもいいなとさえ思えてくる。

まさに、世の中で揉まれることが子どもたちを成長させることを実感する好例だろう。素直に、ありがとうといいたい。

もう一つ。朝日新聞の検証記事「聞く」（〇八年四月一一日朝刊）には、記者のインタビューに答えた生徒たち（この場合も「夜スペ」の当事者ではなく、〇八年の春に卒業した生徒）の談話の一部が掲載された。

短いがこちらも引用する。

３月に卒業した生徒６人に話を聞くと、全員が「よのなか」科の面白さを語った。「毎回、悩んだ」「意見を言えるようになった」……

「夜スペ」については、５人が「良い」「批判は的外れ」、１人の女子生徒が「塾なんだから学校でやることはない」と語った。

この一人の女子生徒も立派である。少数派とはいえ、自分の意見がしっかり表明できている。さすが、「よのなか」科の生徒たちだと誇らしく思う。

さて、次章では、これまで何度もでてきたＰＩＳＡ型学力について、詳しく見ていくことにする。

第２章のまとめ

学校と塾をつなげてできた“夜スペ”

学校

- ３の子を４に、１・２の子を３にする教育
- ４・５の子を６に伸ばす教育が抜け落ちている
- 上位校の個別入試対策ができない

塾

- 私立の上位校、都立の進学重点校の指導には定評がある
- データに裏打ちされた実績をもつ

つなげる

夜スペシャル
（夜スペ）
平日週３日＋土曜日

吹きこぼれ対策

- 公立高ではおろそかになりがちな上位層をもっと伸ばす教育
- 上の子が伸びると生徒同士で学びあうようになり、全体の学力が向上する

上位校の進路指導対策

- 公立高では限界のある私立上位校、都立進学重点校対策を指導
- 塾が蓄積してきたノウハウ、データを活用できる

学校教員の研修効果

- 教科ごとに学校の先生と塾の講師とで情報交流が進めば、刺激となる
- いつも教える側に回ってしまうベテラン教師の他流試合にもなる

第3章 正解のない問題に取り組む

これまで何度も登場してきた「ＰＩＳＡ」型の学力は、最近頻繁に登場するようになった「リテラシー」という言葉と密接にかかわっている。

「リテラシー」というのは、書かれてあることをただ鵜呑みにするのではなく、批判検討を加えて取り入れていくこと、とでもいえばいいだろうか。

「リテラシー」は、その現代的な意味からいえば「理性の運用技術」である。

「（基礎学力に対して）応用力」、「考える力」、「問題解決能力」、「論理的思考力」から、はては最近流行りの「地頭力」まで、さまざまな名称で表現されうるのだが、誤解を恐れずに言い切るなら、頭のいい人が人生のあらゆる局面で使っている技術であろう。

私自身の言葉遣いの中では、「読み書きソロバン」に代表されるように、脳のメモリーの中にたくさんの正解パターンを詰め込んでいくと高まる『情報処理力』に対して、過去の経験や知識、技術のすべてを組み合わせ、正解が一つとは限らない問題に対して状況に応じた納得解を導くチカラが、成熟社会には大事になる。それが『情報編集力』であるということになる。「情報編集力」こそが、世界的に共通の用語として使われる「リテラシー」に一番近い。そして、この本では、そうした成熟社会の未来を拓くチカラを「ＰＩＳＡ」型学力と呼ぼうと思う。

まずは、ＯＥＣＤのＰＩＳＡ調査における三つのリテラシーの定義を見てみよう。

①読解リテラシー

自らの目標を達成し、自らの知識と可能性を発展させ、効果的に社会に参加するために、書かれたテキストを理解し、利用し、熟考する能力。

（じつは、これが「読解力」と訳されてしまったために、たいへんな誤解が生じた。これについては、すぐあとの項で述べる）

②数学的リテラシー

数学が世界で果たす役割を見つけ、理解し、現在及び将来の個人の生活、職業生活、友人や家族や親族との社会生活、建設的な関心を持った思慮深い市民としての生活において確実な数学的根拠に基づき判断をおこない、数学に携わる能力。

③科学的リテラシー

自然界及び人間の活動によって起こる自然界の変化について理解し、意思決定するために、科学的知識を利用し、課題を明確にし、証拠に基づく結論を導き出す能力。

この三つの定義を読むだけで、すぐに「日本人が使う『学力』という用語とは違う」と気づくのではないだろうか。

「効果的に社会に参加するため」、「市民としての生活において確実な数学的根拠に基づき判断をおこなうため」、「意思決定したり、証拠に基づく結論を導き出すため」という言葉が目立つ。つまり、「読解リテラシー」も「数学的リテラシー」も「科学的リテラシー」も、世の中で、人生を生きるための具体的な技術の習得をイメージしていることがわかる。自分自身の人生と世の中との関係性に着目しているのである。

いっぽう、日本の「学習指導要領」をちょっと覗いてみよう。

中学校の国語の学習目標にはこうある。「国語を適切に表現し正確に理解する能力を育成し、伝え合う力を高めるとともに、思考力や想像力を養い言語感覚を豊かにし、国語に対する認識を深め国語を尊重する態度を育てる」。

数学では、「数量、図形などに関する基礎的な概念や原理・法則の理解を深め、数学的な表現や処理の仕方を習得し、事象を数理的に考察する能力を高めるとともに、数学的活動の楽しさ、数学的な見方や考え方のよさを知り、それらを進んで活用する態度を育てる」とされる。

理科では、「自然に対する関心を高め、目的意識をもって観察、実験などを行い、科学的に調べる能力と態度を育てるとともに自然の事物・現象についての理解を深め、科学的な見方や考え方を養う」とある。

私が感じるのは、人生を生きる主体としての視点の欠落だ。詰め込めば、自然に、世の中のあらゆる局面で使えるようになるという楽観がそこにある。でも、はたしてそうであろうか？

答えを選択肢から選ぶのではない

前項の最初に、「読解リテラシー」を「読解力」と誤訳してしまったために、たいへんな誤解が生じた、と書いた。

どんな誤解が生じたかを追体験していただくために、日本のある県の高校入試でじっさいに出た問題とＰＩＳＡ調査でじっさいに出た問題とを比較してもらおう。

まず、日本の入試に典型的な「読解力」を問う問題だ。

次の文章を読んであとの問いに答えよ。

「生きにくい」時代だといわれる。

しかし、私はそうは思わない。十代のあなたがたが、もし「生きにくい」時代だと感じるとしたら、それは現代が「生きやす過ぎる[*1]」からだろう。

いまから百年ほど前、一九〇〇年時点での平均寿命は男で四三・九歳、女で四四・八歳。「人生四十年」だった。あなたがたのお父さんやお母さんの年には、亡くなっている人も多かった。だから、親を頼りにせず、無我夢中で稼いだり、食べたり、生きることに懸命でいられた。

その後、平均寿命は医学の発達により延びていくが、第二次大戦に敗れた直後の一九四五年には、男性二三・九歳、女性三七・五歳というデータもある。戦後の日本は、ひたすら「長生きできる国づくり」を目指して健康を増進し、保健や医療に関する制度を整えたから、二〇〇〇年には、男女の平均寿命が八十歳台に乗った。外国との戦争や内戦、あるいは、国の根幹を揺るがすような大規模な災害がなかったこともある。

「人生八十年」。およそ百年間で、寿命が倍に伸びたのである。

いっぽう、私たちを取り巻く環境は、この間、「超コンビニ化社会[*2]」を目指してきた。

お金を入れてボタンを押せば、飲みたい缶ジュースが出てくる。そうした自動販売機のように、社会のすべては「コンビニ化」してきた。街角のコンビニで三十分ほどマンガの立ち読みをし、オニギリとコーラを買って戻ってくるのに、もはや一言も発する必要はないだろう。商店街での値段交渉や条件交渉はなくなった。料金はバーコードで読み取られ、レジで計算されるから、誰も計算することはない。

その後、電車に乗ってケータイのメールを読み返していれば、いくらでも暇はつぶせるし、なんとなく友だちとつながっている感覚が得られる。百年前のように、親が頼りにならなくて食いぶちを稼ぐ面倒はないから、バンドをやるのにギターが買いたいというようなときだけバイトをやればすむ。デジカメでもケータイのカメラでも、好きなだけデータを記憶してくれるから、フィルムが貴重で現像代も高かった昔のように、一枚一枚大切に撮ることはない。バシャバシャ撮って、メモリーにためておけばいいのだ。「超コンビニ化社会」は、そのように、人間の工夫や人間同士のコミュニケーションを奪ってゆく。

戦いや飢えはない。生命の危機が感じられないので、懸命に生きる切迫感はない。しかも、人生が長くなっているのに、面倒臭くて時間のかかることがどんどんなくなっている。何のために生きるのかが見えにくくなってくる。あまりに「生きやすい」からこそ、とても「生きにくい」時代なのだ。

だから、十代のあなたたちが「なんか居場所がないんだよなぁ。」とか、「どうやって大人になればいいか分からない。」とか、「どうも生きる実感がない。」とか思ったとしても、別に不思議なことではない。

平和で便利である反面、あこがれるような生きざまをしている大人があまりいないように見えるいまの世の中では、アフガニスタンの孤児のために学校を創りに出かけたり、難民を救いに行ったりするなどの突出した行動に出ることがなければ、「生きている実感」は得られないかもしれない。

それ*3ができそうにない多くの人たちには、日常生活の中で、意識して危機的な場面を演出してみることをおすすめする。やっていけるかどうか分からない世界にチャレンジするのだ。たとえば、英検二級にチャレンジする、いきなりボクシングを始めてみる、一週間自炊してみる、一か月間ケータイやパソコンから遠ざかる、一人旅で縄文杉に会いに行く――。

ルールはたった一つ。仲間を募らないこと。あなた自身が一人で決断し実行することだ。

（藤原和博「少年少女たち」より）

問1　棒線の部分＊1で筆者が「生きやす過ぎる」と考えている理由を二つ、文章の中の言葉を使ってそれぞれ三十字以内で書きなさい。

問２　棒線の部分＊２によって私たちから失われていくものを文章の中から二十字で探し、そのはじめの五字を書きなさい。
問３　棒線の部分＊３が指している言葉を文章の中から抜き出して書きなさい。

評論文の典型的な読解問題を見てもらった（福井県でじっさいに出題された問題を加工させていただいた）。

もちろん、小説を読ませて「棒線部分の主人公の気持ちに近いものを次の四つの中から選びなさい」というのも、これまた典型的だ。

これに対して、ＰＩＳＡ型では、こんな問題が出る。

街なかによくある壁の落書きに関する意見を問う問題だ。二人の人物からの手紙のうち、あなたはどちらに組するか？

『学校の壁の落書きに頭に来ています。壁から落書きを消して塗り直すのは、今度が４度目だからです。創造力という点では見上げたものだけれど、社会に余分な損失を負担させないで、自分を表現する方法を探すべきです。（中略）わたしの考えでは、建物やフェンス、公園のベンチは、それ自体がすでに芸術作品です。落書きでそうした建築物を台なしにするというのは、ほんとに悲しいことです。それだけでなく、落書きという手段は、オゾン層を破壊します。そうした「芸術作品」は、そのたびに消されてしまうのに、この犯罪的な芸術家たちはなぜ落書きをして困らせるのか、本当に私は理解できません。

ヘルガ』

『十人十色。人の好みなんてさまざまです。世の中はコミュニケーションと広告であふれています。企業のロゴ、お店の看板、通りに面した大きくて目ざわりなポスター。こういうのは許されるでしょうか。そう、大抵は許されます。（中略）看板を立てた人は、あなたに許可を求めましたか。求めていません。それでは、落書きをする人は許可を求めなければいけませんか。これは単に、コミュニケーションの問題ではないでしょうか。あなた自身の名前も、非行少年グループの名前も、通りで見かける大きな制作物も、一種のコミュニケーションではないかしら。（中略）芸術多難の時代です。

ソフィア』

さて、この2通りの手紙のどちらに賛成か。片方あるいは両方の手紙の内容にふれながら、自分なりの言葉を使って、あなたの考えを示しなさい。

「棒線部分の主人公の気持ちに近いものを次の四つの中から選びなさい」という日本型の読解問題を何百問解いても、ＰＩＳＡ調査が要求する「読解リテラシー」の力はつかないことを理解していただけただろうか。

難関高校や大学だけでなく、会社の入社試験や面接でも、今後は、こういう「あなた自身の考え」を問いかけ「自分なりの言葉を使って答えよ」という問題がふえていくだろう。それが国際的な潮流でもあるからだ。

しかも、自分の経験した世の中の現実との関係で答えなければ説得力は生まれない。つねに、自分が経験したことや流布された噂話に対して「批判的に」考えるクセが大事になる。

日本の子どもたちは、こうした「正解が一つではない」記述問題に対して約四割が「無答」だった。何も書けなかったのだ。

学者の中には、壁の落書きをアートと見るような感性は多分にヨーロッパ的であり、日本の子どもたちが日常的に世の中で触れるものではないから、できなくても当然だと見る向きもある。たしかにそうかもしれないが、もしそうなら、「落書きは犯罪だ。とうてい許せない」という論陣を張ればいいだろう。少なくとも、落書き自体を見たこともない生徒はいないだろうから。

ここで問われているのは、「正解」ではなく、そうした世の中の物事に対するイマジネーション。イマジネーションとは「つながり」を連想できる力だ。

さて、こうしたイマジネーションは、まず現在の状況を批判的に分析することから始まる。「批判的に」というと、ただ文句をいったり反対したりするイメージが強いかもしれない。しかし、本来「批判」とは、「人物・行為・判断・学説・作品などの価値・能力・正当性・妥当性などを評価すること」（広辞苑）である。自分の頭で考えて、対象について主体的な意見を持つことだと解釈できる。英語の「Critical」にも「鑑識眼がある」という意味が含まれる。「アレッ、ちょっと待てよ」、「ホントかなあ?」、「その解説はおかしいんじゃないの?」と、テレビのキャスターや解説者のいうことを鵜呑みにしない態度が大事なのである。

正解ではなく納得できる解を見つける

続いて数学を見てみよう。

私の依頼を受けてサピックス教務部が開発し、「夜スペ」の数学の時間に教えてくれているPISA型の数学の問題について、二問だけサピックスの許可を得て転載し、解説してみよう（問題は98～99ページに掲載）。

ここでは「従来型の学力」と「ＰＩＳＡ型学力」の対比で見てほしい。

＊従来型の学力

・読み書きソロバンの早さと正確さを基礎にした学力（多くの読者が主要教科の「学力」というときにイメージするもの）
・正解を導くチカラ
・記憶力に依存して正解をどれだけ多く知っているかで勝負がつく
・情報処理力

＊ＰＩＳＡ型学力（未来型の学力）

・ＰＩＳＡ（フィンランドが世界一）で問われる読解や数学的なリテラシー
・納得解を導くチカラ
・世の中との関係でどれだけ試行錯誤したか、問題解決したか、思考技術を身につけているかで勝負がつく
・情報編集力

まず、問1。携帯電話を買うとき、値段をａ、デザインをｂ、機能をｃとした場合、どうい

問２　下のグラフは，A，B，C，D，E，Fの６人の数学のテストの得点を示したものです。

①　得点上位３人の平均点を求めよ。

②　得点下位３人の平均点を求めよ。

③　６人の得点の平均点を求めよ。

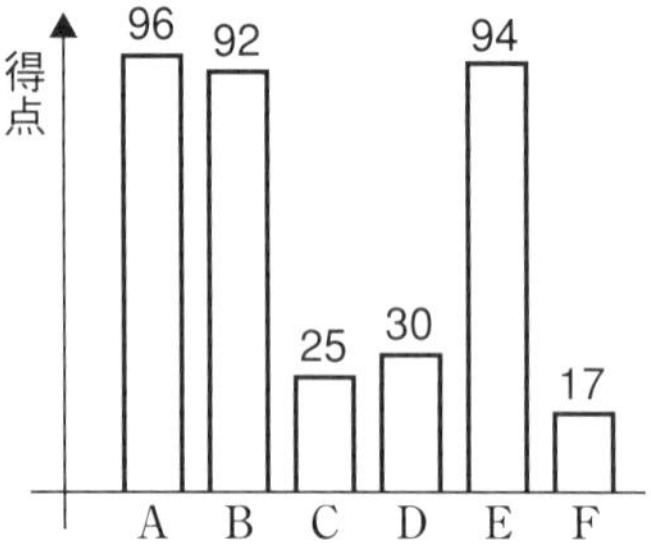

①		②		③	

④　この数学の問題の出題者が，「平均点は予測したとおりの点数だったので，よい問題を作ることができた」と発言した。この発言の問題点について，記述してみよう。

問１　あなたが携帯電話を買う場合，気に入ったものをどのように選びますか。あなたが付与する携帯電話の価値（P）の算定の方法について，値段（a），デザイン（b），機能（c）の３要素で決めるとした場合，次の各問いに答えよ。

①　以下の場合について，Ｐをａ，ｂ，ｃを用いた式で表してみよう。（各項目の係数は合計10となるようにしましょう）

「最新型のワンセグ携帯がほしい。できれば薄型がいいな。お年玉をもらったから、お金には余裕があるんだ」

算定式	P =

②　Ｐ＝６ａ　＋ｂ＋３ｃ　という携帯電話の価値の算定式がある。これはどのような考え方を表しているか。事例をあげてみよう。

う式を立てますか、という問題だ。ただし、「a＋b＋c＝10」である。つまり、重みづけは全部で10になるように、自分自身の好みのバランスを決定せよということだ。

こういう現実の世界での意思決定との「つながり」を一切教えずに方程式を教えると、たとえば「P＝6a＋b＋3c」は単に無機的な数式にすぎないことになる。仮に連立方程式の中で、a、b、cそれぞれの値を求めよと問われれば、より早く正確に「正解」を出す「従来型の学力」、つまり「情報処理力」が無機的に発揮されるだけだろう。方程式は、ちょっとむずかしい計算問題だと理解されるはずだ。

しかし、「あなた自身が携帯電話を買ったり、お兄ちゃんが時計を選んだり、お父さんやお母さんがクルマを買ったりする意思決定行動の背後には、こうした計算が少なからず働いているんだよ」と教えれば、子どもたちの生きている現実社会＝「よのなか」は、方程式の束にも見えてくる。方程式という抽象的な概念と、現実の世の中とが、その瞬間につながるのだ。

彼らの現実の中では、「P＝6a＋b＋3c」は「私なら、携帯電話を買うときは、やっぱりまだ中学生だし、一〇〇％（一〇割）の中で六〇％（六割）は値段をチョー気にするな。次が三〇％（三割）で機能重視。だって友だちにメールが打ちやすくないとね。軽さや使いやすさも要チェック。最後に一〇％（一割）はデザインでしょ。ダサイのはイヤ！」ってな具合になる。

もちろん、一〇〇％（一〇割）の中での重みづけは、人によって違う。圧倒的に（たとえば九〇％）デザイン重視の子もいるし、機能さえよければお金はナンボでも出すというリッチな子もいるだろう。教室では、自分の場合ならということで、余白に書き入れたお互いの係数（a、b、cの前につけた、足して10になる重みづけの数値）を見せ合って、ワイワイ騒ぐ姿が見られた。

実際の授業では、この回が初回であることもあって、このあと、私がさらに生徒たちの頭脳を刺激した。

「じゃあ、君たちが素敵な男の子、女の子を好きになる場合はどう？　もちろん、こんなに単純じゃないと思うけど、あえて三つの要素だけで判断するとすると、素敵さ（魅力の度合）Pは、どんな関数で表されるだろう？　その場合、a、b、cはそれぞれ、何に当てはまる？」

と問いかける。

するとすかさず、お茶目な女子が、

「私なら、えーと、まず見た目！」（教室は爆笑の渦）

「ということは、携帯電話のデザインに当たるかな？　じゃあbは〝見た目〟ね？」と私。

「次はねえ、やっぱ頭のよさかな」（教室からは、「学力」かよの笑い声）

「そうねえ、それは携帯電話でいえば、無理矢理だけど機能？　cは〝学力〟とか〝頭のよさ〟ってこと？　〝体力〟とか〝優しさ〟とかも加えなくていいのかな……（笑）。それじゃあ、ついでに聞くけど、aは何に当たるかなあ？　携帯電話のときには「値段」っていうけっこう大事な要素だったんだけど」

「年収！」（場内爆笑に次ぐ爆笑！）

「中学生同士では年収って基準はないだろうけど、なるほどねえ。君たちが結婚するときには、そういうことを気にするのかもしれないね」

授業はこのあと、では将来の結婚相手には、aの年収、bの見た目、cの頭のよさ、それぞれにどれだけの価値づけ（重みづけ）をするかに発展し、お互いの価値観の違いを見せ合いながら、キャーキャーとわきにわいた。

いわば、これが「PISA」的な理解である。

現実の世の中を数学的に思考してみる視点が「PISA型学力」では問われる。世の中との関係でどれだけ試行錯誤したか、問題解決したか、思考技術を身につけているか、つまり「情報編集力」の勝負なのである。

読者はもう気づいただろうか？

「従来型の学力」と「PISA型学力」の違いは、この視点の移動だ。

「PISA型学力」は、〝主体的に人生する個人〟にとって必要な「思考法」であり、「編集術」であり、「学力」なのである。

問2は、さらに「従来型の学力」と「PISA型学力」の違いを際立たせる。

数学のテストの成績をグラフにしたものを見てほしい。A、B、C、D、E、Fの6人の成績が並んでいる。問題はまず「上位3人の平均点は？」「下位3人の平均点は？」「全体の平均点は？」と問う。全体の平均点は、大人なら暗算で解けるかもしれない。59点だ。ここまでは「従来型の学力」で解けるやさしい問題。

これだけを見れば、「こんなもんかなあ」という感じに見えるだろう。だから、このテスト問題をつくった数学教師は「平均点は予測したとおりの点数だったので、よい問題をつくることができた」と発言した。

さて、ここで「この発言の問題点を指摘せよ」と問いかけられたら、あなたなら、どんなことを指摘するだろうか？　ここからは「ＰＩＳＡ型学力」が要求される。

解説するまでもないかもしれないが、問題は、この分散の大きさである。

このテスト問題では、できる生徒はそれぞれ96点、94点、92点をとった。逆に、できない生徒は30点、25点、17点という結果だった。

つまり、できちゃったヤツはみな90点以上だったが、そうでない者は30点以下だったのだ。この集団の半分が授業を十分に理解できていない現状が彷彿とする。荒れた学校かもしれないし、生徒が理解したかどうかを確かめないで、どんどん先へ進めてしまう教師の問題もあるかもしれない。

一度、こうした問題を解いてみれば、「平均」というものにどれほどの意味があるか、疑いも生じるだろう。クリティカルシンキングの萌芽である。新聞が報じる「平均値」にも、こうしたマジックが潜んでいるかもしれないのだ。だから、「平均」だけでなく、実際は数値にどれほどの分散があったのか、いわゆる「標準偏差」の問題が浮上する。あるいは、その分散が、過去と比べてどのように動いたか、その変化を観ようとする視点が大事になる。

そうした意味では、この問題は、分散が激しくなった現代社会を観察するのに欠かせない視点を提供する、象徴的な問題だといえるだろう。

私は、こうした「PISA型の問題」の作成と生徒への指導をサピックスに要望するのに、サピックスをもじって、「Ｐｉｓａｘ（ピサックス）」問題もよろしくね！　と頼んでいた。

「赤ちゃんポスト」で考える

では、ここで練習問題として、「赤ちゃんポスト」問題を考えてみよう。

二〇〇七年五月、熊本市にある病院に「こうのとりのゆりかご」と名づけられた「赤ちゃんポスト」がつくられたことは記憶に新しい。「捨てられ、失われる命を救いたい」という趣旨で、望まれない赤ちゃんを中絶や殺害から守るための試みだ。母親が病気だったり、父親が経済的理由で子どもを育てられない場合、あるいは十代の予期せぬ妊娠などのケースが想定された。

病院の東側の壁に特別な扉をつくり、内部には温度が管理された保育器を設置。赤ちゃんが入れられると、その重さをセンサーが感知してアラームが鳴り、病院の人に伝わる仕掛けだ。

病院側は、生後二週間までという条件をつけた。預けられた赤ちゃんは、親が名乗り出ない場合は「捨て子」となり、市長が名前をつけて戸籍がつくられ、乳児院で保護される。その後、親代わりとなる人を探して養子縁組したり、裁判所の判断で施設に預けられたりする。

さて、あなたなら、この「赤ちゃんポスト」をどう評価するだろうか？

こういう試みは「かえって捨て子を助長し、無責任な親を増やす」と考えるか、「現実に捨て子がある現状をふまえれば、新生児を救うことのほうが大事」と考えるか。前章の「夜スペ」問題にも共通するディベートの格好の素材だ。

唯一の「正解」がある問いではないから、議論は真っ向から対立する。

さて、あなたがどちらの立場を取るかにかかわらず、現実に起こったことは、おおかたの関係者の想像を裏切ることだった。

新聞で報道されたニュースを引用してみよう。

親が養育できない生後まもない乳児を匿名で託す熊本市の慈恵病院（蓮田晶一院長）の「赤ちゃんポスト（こうのとりのゆりかご）」に、運用初日の今月10日、３歳とみられる男児が預けられていたことが15日、わかった。男児は、父親に連れて来られて赤ちゃんポストに入れられたと話しているという。熊本県警は保護責任者遺棄罪に当たるかどうか調べている。

想定していた「赤ちゃん」ではなかったことで、「養育放棄を助長しかねない」との声が強まりそうだ。

（二〇〇七年五月一五日読売新聞夕刊）

まさに「現実は小説よりも奇なり」なのだ。こんなことは、テレビのニュースキャスターや評論家も、病院関係者や市役所の人々も予測できなかったのである。

だから、テレビや新聞が告げることを真実と思い込まず、評論家がするおおかたの予想を無条件に信じ込むこともやめて（気象予報士が告げる天気予報を含めて）、自分の頭で考える習慣をつけることだ。

教育現場の正解主義を払拭せよ

こうした力を育むには、まず、日本の教育現場を呪縛する「正解主義」を払拭して「修正主義」に移行しなければならないだろう。

試行錯誤の中で、「正解」ではなく「納得解（自分自身が納得でき、かつ、かかわる他人も納得する解）」を見つけ出す訓練である。まず、やってみて、それから無限に修正していくやり方だ。

学校現場は最初から正解に到達しようとするから、何かを始めようとすると、一年目は様子を見て、二年目に意見を出して、三年目に提案して、四年目にやっと実現するようなスピードで物事が動く。変化の激しい成熟社会では、動かしたときには、もう課題自体が変化していたり、子どもたちの求めるものも変わったり、時代も変わってしまったりする。まさに「ゆとり教育」がそうだった。

結果、策としては有効でなくなってしまう可能性が高い。だから、やってみて、ダメならすぐに引っ込める、ズレがあればスピーディーに修正するという「修正主義」のほうが効果が出やすい。そのためには、失敗をおそれてはならない。

人間が成功より失敗から学ぶことが多いことに、異論の余地はないだろう。

しかし、その学びの場である学校では、失敗を必要以上に怖がり、無難な路線を選ぶ空気が支配する。

私が〇三年に、東京都では初めての民間人中学校長として和田中学校に赴任したときにも、さっそくあった運動会のＰＴＡ競技を決める会議で、こんな会話が交わされた。

私「生徒が喜ぶのは、先生が必死に走ったり、勢い余って転んだりするシーンじゃないの？だから、リレーなんかどうなんだろう」

ある母親「でも、転ぶと危ないでしょう。怪我しちゃうと翌週からの仕事にも差し支えるでしょうし。お父さんたちも、嫌がるんですよねえ」

私「じゃあ、必死に縄を引っ張ってる顔も含めて、親の一所懸命な姿が伝わる綱引きはどう？」
ある教員「去年、それで怪我した人が出たんですよねえ……それに、ハイヒールで来ちゃった親が参加できないってクレームもあったから」
私「（運動会にヒールの高い靴で見学に来るほうが非常識なんじゃないの！　と思いつつ、口には出さずに）へーえ、じゃあ、やることなくなっちゃうよねえ」
ＰＴＡ会長「やっぱり、そう考えると、玉入れが無難なんじゃないかって。道具は小学校から借りればいいでしょ」
私は、いい年した大人が「玉入れ」をしているシーンを想像する。そして、子どもたちは、そんなものを見たいのだろうか、と自問する。
結局、校長と教頭がテニスラケットを持って前に立ち、みんなが籠に入れようとするのを防戦するというアイデアを認めさせて、かろうじてゴーサインを出した。見学に来た小学生も一緒に参加できるようにしてよね、と条件を出したら、万が一それで怪我をさせたらいけないとか、保険をかけないと、とか教頭がいう。アタマに来たので、そういう場合は校長の私がすべて責任を取るからと言って、会議を閉じた。
学校というところは、こんなふうに、黙っているとすべて「無難に」という空気が支配するようになる。

しかし、それは、教師が悪いのではない。教育委員会や文部科学省が悪いのでもない。保護者と、それを取り巻く社会のムードが「無難に」という路線を決定しているのである。

戦後の日本が「平和で、安全で、便利な、長生きできる国」を新たな国づくりの目標にしたように、学校も、平和で安全なことを至上命題としてしまったために、無難な場所になってしまった。しかし、これでは、学びは深まらない。

学びの場であれば失敗を奨励しなければならないが、保護者や社会がそのリスクを望まない。これは「学校」という学びの場には致命的な自己矛盾だ。

この自己矛盾を解決するには、どんな手があるだろう?

失敗してもいいと教えることはむずかしい

もちろん、子どもたちに「失敗を怖がらなくていいよ」と教えることは重要だ。

とりわけ、小学校の体育や図画工作、音楽や家庭科、中学校での実技教科では、この心持ちを教員が共有することには意味があるだろう。

私自身が教鞭をとり、中学一年生の総合の時間に実施している［よのなか］科ジュニアでは、のっけからわざと失敗談コンテストをやる。

「初めての校外学習でなかなか火を起こせなくて、パンづくりが上手くいかなかった」とか

「運動会のリレーでバトンを落としてしまって、クラスがビリになった」とか、成功を語るより、失敗を語るほうがいい作文が書けることを教える。

また、二人一組で組んで自己紹介を二通りの方法で繰り返しさせるのだが、一つは自分のできること、得意なこと、興味のあることで語るプラス・モードの自分プレゼン。もう一つは自分ができないこと、不得意なこと、コンプレックスのあるもので語るマイナス・モードの自分プレゼンだ。後者では、もちろん「最近した失敗談を面白く語ってもいいんだよ」と奨める。

これは、私がビジネスマンの研修でも使うノウハウだ。

やってみれば誰でも気づくのだが、相手に自分を知ってもらうには、できることで語るより、じつは失敗談のほうがはるかに印象的なのだということ。

しかし、「失敗談」を褒めることを通じて「失敗」を奨励しても、やはり限界がある。教師集団や母親が、そもそも「失敗」そのものを嫌うからだ。

そこで私は、「正解主義」を超えた授業の必要性を説きたいと思う。

「学校というところは、正解を教えるところである」という呪縛からの解放だ。

そのことを教えるのが、私が、和田中にきてから担当した唯一の授業［よのなか］科なのである。

［よのなか］科についてあらためて深く論じる前に、次章では、こうしたＰＩＳＡ型の学力はどうすれば身につくのか、すぐにできるテクニックについて考えてみたい。

第３章のまとめ

従来型の学力とPISA型学力

従来型の学力〈情報処理力〉		PISA型学力〈情報編集力〉
正　解 （○×のはっきりした、たった１つの正解を導くチカラ）	導かれるのは？	納得解 （自分が納得でき、かつ関わる他人を納得させる解を導くチカラ。解は１つとは限らない）
スピード 正確さ 効率性	重視されるのは？	試行錯誤 多様性、複眼思考 問題解決
記憶力 （解法とテクニック）	必　要なのは？	イマジネーション （つながりを連想できる力）
↓ 受験という限られた世界や事務処理的な仕事にしか通用しないチカラ		↓ 社会のあらゆる局面で応用がきくチカラ

第4章

情報編集力のテクニック

作文は会話から始める

よく、小学生の作文に「今日は動物園に遠足に行きました。バスの中で太郎君がおかしなことを言いました。猿山では、親子のサルが投げ込んだエサを食べました。お弁当の時間には先生が、先生のを分けてくれました。……」というように、あったことを順番に記述していくものがある。

黙っていれば、中学一年生も変わらない。頭に浮かんだ順番で、文章に「処理」しているだけだからだ。

ところが、作文の始まりをこんなふうに指導すると、あっという間に「編集」がはじまり、人に読ませる文章が書けるようになる。国語の先生も、あまりやっていない。だから私は、自分で［よのなか］科の時間を使って指導することにした。

簡単なことだ。

「運動会」や「学芸発表会」のあとの感想文などの場合、作文の始まりを必ず「会話体」か「心内文（自分の心のなかのつぶやき）」から始めさせる。これは、和田中に一年間だけいた教員から教わったテクニック。

会話体から始める例は、こんなふうだ。


「もうすぐ始まるね」

と村山君がつぶやいたとき、ぼくは大きく息を吸って……

「男子ぜんぜん合わないじゃない！」

実行委員がそう言ってにらみつけた。ぼくは……

「こんなんで間に合うのかなあ？」

「無理じゃない。もう二日しかないもの」

ぼくと実行委員の中山さんはちょっとあきれてみんなの方をふりかえった。

「A組、金賞！」

先生の声が会場にひびくと、みんなはいっせいに立ち上がって……

いっぽう、心内文からはじめると、こんなふうになる。

「やるっきゃないかな」

ぼくは覚悟を決めると、立ち上がって壇上に進んだ。

「そんなこと言われてもやれるわけないじゃん」

先生がいくら指示をとばしても、はじめ、ぼくの中では気持ちがさめていた。

「こわい。なんか、足が動かない」

他校の生徒の歌声を聴くたびに、だんだん緊張が高まっていくのがわかった。

声が出ている。昨日の練習より、今朝のリハより。みんなの声が伝わってくる。私には、そう感じられた。

なぜなら、となりの佐藤さんの声でさえも……


こんな例文を示して、教えた。

すぐに成果は現れる。

ある二年生の文章。春に校外学習で東京近郊の川辺に行ったあとの感想文だ。野外で火をおこし、班でそれぞれに工夫を凝らして料理をする趣向だった。


「高い肉のほうがいい！」

私たちの班の最初のかべは、買い物から始まっていた。くだらないけれど、とても大事な肉の値段でいやというほどもめた。お店の人から苦情が出なかったのは奇跡だと思う。

当日はとてもよい天気で……（以下略）

「情報処理的な作文」から「情報編集的な作文」に進化するのだ。

むずかしいことを図にしてやさしく解説する知恵

「夜スペ」の生徒と保護者向けの説明会では、私は「学校での授業」と「地域本部でやる学習」との違いを、黒板に図示して説明した。

左ページに示した「和田中の学び（学習編）」という図だ（『バカ親、バカ教師にもほどがある』PHP新書より転載）。

縦軸に「学習レベル」をとって、下にいくほど「基礎」的な内容の学習、上にいくほど「応用」的な発展学習とする。

横軸には「学習スタイル」の違いをとって、右側は「集団」で学ぶスタイル、左側は「個別」に学ぶスタイルとする。

すると、応用的な内容を個別に学ぶ左上隅の部分には「家庭教師」の領域があり、同じく応用的な内容を集団で学ぶ右上隅の部分には「進学塾」の領域があることがわかるだろう。

学校で先生がおこなう「（英数国のような）教科授業」と「選択教科」、それに「習熟度別の少人数授業」や「学習についていけない生徒を集めておこなう放課後や土曜、あるいは夏休み中の補習授業」は、いずれも学校の教育課程内の授業領域だ。

説明会では、この4象限マトリクス（ビジネスではコンサルティング会社のマッキンゼーなどがよく使う手法で「2 by 2 Matrix」とも呼ばれる）を描いてから、「学校でやる普通の授業は、どこの領域だと思う？」と生徒に問いかけた。

指された生徒は、すかさず右下の第4象限を指差した。基本的には、学校の授業は明らかに、基礎的な内容を集団で教えるスタイルだからだ。

和田中の学び（学習編）

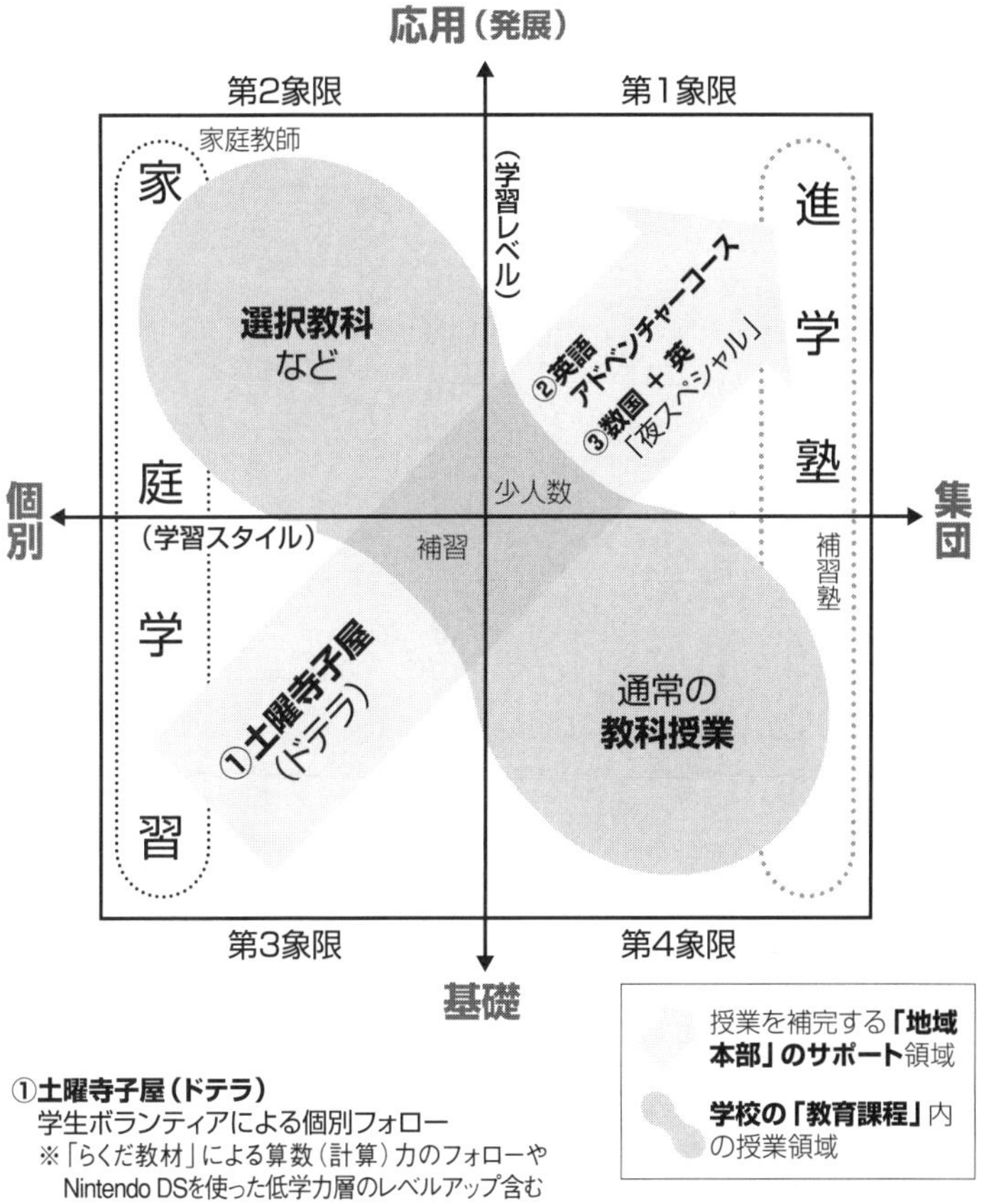

①土曜寺子屋（ドテラ）
学生ボランティアによる個別フォロー
※「らくだ教材」による算数（計算）力のフォローやNintendo DSを使った低学力層のレベルアップ含む

②英語アドベンチャーコース
1年生冬～2年生（土曜午前3時間）

③数国＋英「夜スペシャル」
2年生冬～3年生（月・水・金＋土12時間）

また、選択教科は、やや少人数で教師の個性や得意技を生かした応用的な授業（たとえば、百人一首を延々とやる選択国語とか。［よのなか］科も当初は選択社会科や選択家庭科の時間にやっていた）だから、左上の第2象限の領域になる。

習熟度別少人数授業や補習などを含めると、学校の教育課程内の授業は、この図で示すように右下から左上に向かって伸びる「ひょうたん型」の領域（濃いグレー）で示されることがわかるだろう。

それに対して、「地域本部」が主催する「ドテラ」は、基礎的な内容を学生ボランティアに個別に聞きながら学べるスタイルだから、左下の第3象限になる。

また、「英語アドベンチャーコース」や「夜スペ」は、応用的な内容にやや少人数とはいえ集団で取り組むから、右上の第1象限に位置する。

こうしてみると、「地域本部」の学習サポート活動は、図で示しているように、左下から右上に伸びる「矢印の形」（薄いグレー）をしていることになる。

第2章で述べた公立中学校の最大の課題、つまり「できない子に対して基礎的な内容を個別に教えることの限界」や「できる子に対する応用・発展的な学習が不十分になりがちなこと」は、この図を見れば一目瞭然だろう。

ようは、学校現場では、ひょうたんの底がどんどん重くなってきているのである。

それは、土台（この図では下の線）を支えていたはずの家庭での生活習慣が乱れ、同時に、地域社会のサポート機能も後退してしまったからだ。

底（下の線）が割れれば、ひょうたんの底も重さを増して下がってしまう。全体が下のほうへ引きずられる。

だから、和田中では二〇〇三年に「地域本部」を組織して、まずは「ドテラ」で左下からの底支えをおこなった。次に〇五年から、今度は右上から引っぱり上げる活動も始めた。その極めつけが「夜スペ」である。

重みを増すひょうたんを、ちょうど左下から矢を差し込んで支えているような格好に見えるだろう。

生徒たちには、このように解説した。

「本来は複雑でむずかしいことを、こんなふうに、やさしく図に描いて説明できる力のことを『情報編集力』と呼びます。教育の世界ではＰＩＳＡ型の学力ともいうんだけどね。数学を楽しく学んで、みんなにも、高校、大学に行っても通用する、こうした力を身につけてほしいと思う。他人に知ってほしい自分の考えや思いを絵やマンガや図に描いて、やさしく伝えられたら、うれしいでしょう。たぶん、自分を理解してくれる味方もふえるんじゃないかな」

そう。「情報編集力」は「つなげる力」なのだから「引き寄せる魅力」にもなり、したがって「味方をふやす技術」に通じるというわけだ。

ついでに、もう一つ「和田中の学び（ココロとカラダ編）」という図についても少し解説しておこう。

先ほどの図が「地域本部」の学習サポート機能を示したものなのに対して、こちらの図は「地域本部」の学習以外のサポート機能を示している。

主に、生徒との「ナナメの関係」を豊かにすることによるココロの癒し機能を表現している。

今度の縦軸は、部活をイメージして上に「運動系」、下に「芸術・文化系」をとっている。上下に中心から遠くなるほど、激しく、厳しさもあるのが部活動だ。

横軸は、今度もスタイル軸。左に「個別」的な精神を鍛えるもの、右に「集団」的な精神を鍛えるものとしている。

運動系集団スポーツではバスケ、野球、サッカーなどが典型的だろうし、運動系個別スポーツでは剣道、柔道、テニス、バドミントン、卓球などが挙がる。もっとも個人戦と団体戦のあるものは両方にかかるともいえるのだが。

芸術・文化系で集団で取り組むものは、なんといっても吹奏楽が典型だろう。ダンスは運動系と芸術・文化系の両方の側面をもっているから右の真ん中へんに位置づけた。

和田中では、かなり勉強の負荷をかけて生徒を伸ばそうとしているから、自然、ストレスも生まれる。部活にエネルギーをぶつけてストレス解消できる生徒はいいが、そうでない生徒の

和田中の学び（ココロとカラダ編）

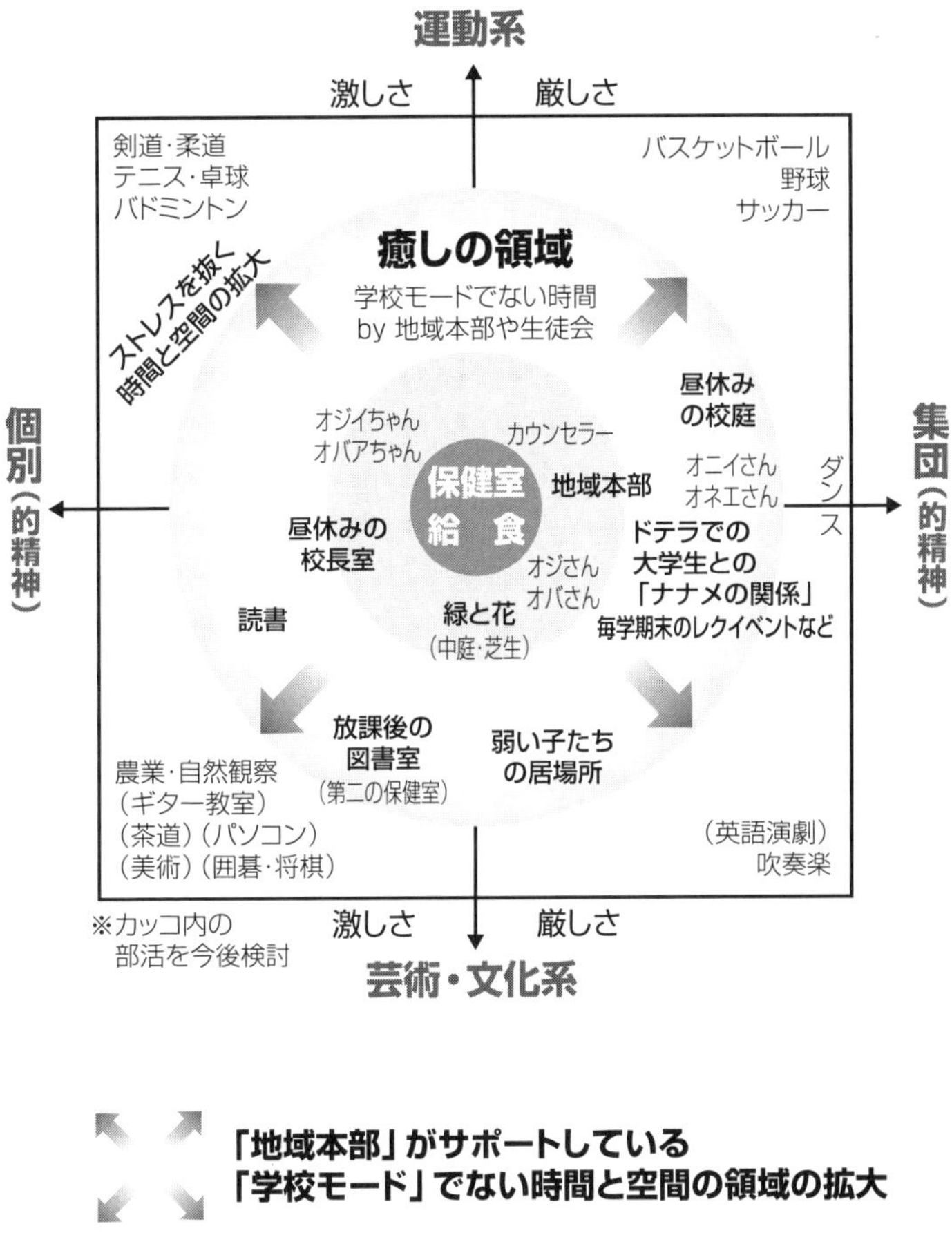
運動系
激しさ
厳しさ
剣道・柔道
テニス・卓球
バドミントン
バスケットボール
野球
サッカー
ストレスを抜く
時間と空間の拡大
癒しの領域
学校モードでない時間
by 地域本部や生徒会
昼休み
の校庭
オジイちゃん
オバアちゃん
カウンセラー
個別（的精神）
集団（的精神）
保健室
給食
地域本部
オニイさん
オネエさん
ダンス
昼休みの
校長室
ドテラでの
大学生との
「ナナメの関係」
オジさん
オバさん
毎学期末のレクイベントなど
読書
緑と花
（中庭・芝生）
放課後の
図書室
（第二の保健室）
弱い子たち
の居場所
農業・自然観察
（ギター教室）
（茶道）（パソコン）
（美術）（囲碁・将棋）
（英語演劇）
吹奏楽
※カッコ内の
部活を今後検討
激しさ
厳しさ
芸術・文化系
「地域本部」がサポートしている
「学校モード」でない時間と空間の領域の拡大

ためには、ストレスを抜く「癒しの領域」が必要だ。

私はこの時空間のことを「学校モードでない時間と空間」と呼んで重視している。対して「学校モードの時間と空間」というのは、教室で平日に授業を受けたり、部活をやったり、委員会や生徒会に参加する大部分の学校生活のことだ。

学校を「学校モード」の時間だけで埋め尽くしてはいけない。それでは、生徒は息が詰まってしまう。

ところが、大部分の学校が、この息抜きの時空間、つまり「学校モードでない時間と空間」を保健室と給食タイムを含む休み時間にしかもっていない。これでは、まったく足りないのである。

だから、和田中では、保健室と給食タイム（美味しくて文部科学大臣賞受賞）のまわりに「地域本部」が「学校モードでない時間と空間」を提供している。

放課後の図書室を部活に参加しない生徒の居場所に開放して、地域の本好きなオバちゃんとのチャットを許していること。ドテラに来れば大学生のオニイちゃん、オネエちゃんがいて「ナナメの関係」をつくれること。学期に一度はお母さんたちのボランティアでカレーパーティーがあり、大学生たちとのレクもあること。水曜朝の芝生では、地域のオジイちゃん、オバアちゃんと一緒に芝刈りをしたあと体操をして交流すること、などである。

また、この図をあらためて眺めてみると、あまりスポーツが得意でない子（どちらかといえば弱い子）が楽しめる部活が少ないなということにも気がついた。農業・自然観察クラブくらいなのである。だから、オタク系の子も活躍できるパソコン・クラブや囲碁将棋クラブもスタートする計画がある。希望者があれば、まずサークルのノリで始めて、続くようなら、次年度から本格的に部活に昇格させるのだ。〇七年度は、ダンス部とサッカー部がこの方法で昇格した。

いずれにしても、まず図に整理してみることで、これまで見えてこなかった問題点がはっきりしたのである。

家庭では何ができるのか

自分の子に「情報編集力」をつけてあげるためには、家庭では何ができるのか、という話をしておこう。

よく、幼児や小学生のうちに何をしておかなければならないかという質問をしてくる親がいる。たぶん、漢字や計算練習とか英語とか、あらゆる早期教育をイメージして聞いてくるのだとは思う。

が、私なら迷わず「遊ぶこと」だと答えるだろう。

一〇歳までは間違いなく、「遊ぶこと」から圧倒的に多くのことを学ぶ。自分の来し方を振り返れば、誰だって納得がいくはずだ。

じつは、私にはそれ以降、中高生はもちろん大人になっても「遊ぶこと」からより多くの学びを得ているのではないか、という実感もある。

だから、［よのなか］科ではゲーム的手法である「ロールプレイ」や「シミュレーション」や「ブレーンストーミング（どんなバカなことでもいいから、とにかくたくさんのアイデアを集める知恵出しゲーム）」や「ディベート（いわば、言葉のバトルゲーム）」を重視する。

私がビジネスマンとしての基本を身につけたリクルート社でも、優秀な営業マンはみな「ロールプレイ（同じ課のメンバー同士でお客さん役と営業マン役に分かれて擬似的な営業ごっこをおこない、営業技術を高め合う研修）」を通して磨かれた。

やっていることがどんなに複雑になっても、基本は「おままごと」（お母さんロールプレイ）や「戦争ごっこ」（追いかけっこを中心とした闘いのシミュレーション）という、子どもの遊びの延長なのである。女の子ならみんな、「おままごと」を通じて、お母さんの役を擬似的に真似（ロールプレイ）ながら、家族の役割と自分の居場所について、自然に学んでいたはずだ。

大人になってから、関係性に強い人、つまり、何と何が意外にも上手く「つながる」かについて、イマジネーションがあふれるように出てくる人に共通するのは、子どもの頃、よく遊んでいたことだ。

ちなみに、私自身もそんな一人だ。

公務員宿舎に住んでいた小学校時代、朝から晩まで外で遊んでいたので、日焼けして地黒になった。私の両親はどちらかというと色白のほうなので、後天的な色黒である。同じ宿舎に住む同級生のお母さんたちは、子どもの頃の私を「遊びの王者」と呼んだ。友だちが途中で家に戻っても、私だけはずっと外に居残って遊んでいたからだ。中学に入るまで「おやつ」という言葉を知らなかったほどである。

遊びでは、予期せぬ状況の出現や予期せぬ出逢いが連続して起こる。

けっして予定調和ではあり得ない。次にやろうとすることをより小さい子に邪魔されたり、仕切り役のオニイちゃんが知らない場所での知らない遊びに誘ったり。状況がめまぐるしく変化するなかで、自分の出方を決めていく。思い通りにはいかないことのほうが多いから、どうやってリカバリーするか（自分の出方を修正するか）が始終学ばれる。

また、道具がない場合は、代わりのものをそれに見立てて遊ぶ。

草野球では、バットの代わりにそこらへんから拾ってきた棒を使ったり、ベースの代わりに二本の木をそれに見立てて三角ベースをやったり。

「見立てる」ことで「つながり」がイメージされる。これなら使えるんじゃないか、あっちならどうなんだろう。本来ほしいものと、代わりのものとの共通点を常に意識して遊ぶようになる。遊ぶことで「つながり」のイメージがより豊かに、多様に育まれるのだ。

こんなふうに「遊び」は、「多様で」、「複雑で」、「変化が激しい」。

アレッ、どこかで聞いたことがあるフレーズだなあと、あなたはもう気づいたかもしれない。

つねに、やってみなければわからない要素が強く、無限の修正をかけなければ、あっという間につまらなくなる。遊びそのものが「予定調和」とはほど遠く、したがって「正解主義」で通せるはずもなく、本質的に「修正主義」にならざるを得ない。だから、いい。

成熟社会を生き抜く技術が、すべて隠されているからだ。

負の体験をおそれるな！

次に、とくに、お母さんたちに言っておきたいことがある。

「負」の体験をおそれるな！　ということだ。

読者は、「上手くいったこと」と「上手くいかずに失敗したこと」のどちらが、あなた自身を成長させたと思うだろうか。

たいていの人は、「失敗」からより多くを学んだはずだ。にもかかわらず、たいていの大人は、子どもに失敗させないように先回りして条件を整えてしまう。

はっきりいうが、ずっと居心地がよければ、子どもは大人になれないだろう。

成長の機会というものは常に試練とともにあるからだ。

年中エアコンのある部屋で育てたら、発汗作用や体温調節機能に重大なダメージが加わる。無菌状態で育てたら、ちょっとした菌にも抵抗力がなくなってしまう。そんなことは火を見るよりも明らかなのに、世のお母さんたちの多くは、教育を息子や娘の「居心地論」で語り、学校に私的な居心地の改善を要望してくる。

家のなかの居心地があまりによすぎて出不精になるほどなら、ニート予備軍にもなるだろう。流行りの「お友達家族（父母と息子・娘が親子ではなくて、お友達関係のような、一見仲のよい家族）」には、この危険が大きい。

思春期には、ガミガミいうお父さんが煙たかったり、優しいお母さんが押しつけがましく感じられたりするものだ。だから、反抗期が起こる。それまで学校であったことをうるさいほど報告していた息子が急に黙り込んでしまう。娘も、家族に内緒にすることができたり、外での友だち関係により気を使うようになる。

ところが、「お友達家族」では、家の中にお友達がいることになってしまうから、居心地からいえばこんなに楽なことはない。「反抗期」のない子もふえているという。

ぬるま湯にひたりつづけて、親から離れようとする機会を失ってしまうのだ。

私は、家も学校も、適当に居心地が悪いほうが子どもたちの自立を助けると信じている。「負」の体験をごまかしたり、目をそらしたり、きれいにオブラートに包んだりして抵抗力のない人間に育てないでほしい。

また、お母さんたちからの学校へのクレームには、「こういうことで自分の子が傷ついた」というものも多い。家族が核家族化し、多様な人間関係に揉まれる地域社会の機能が後退するなかで、子どもたちはみな「人間関係」にひ弱になっている。

だからといって、傷つけたり、傷ついたりすることに、あまり神経質になりすぎるのは、いかがなものだろうか。

たとえば、仲間はずれになった子は一人で遊ばざるを得ない。そういうとき、大人がすべて介入して「さあ、みんなで仲良く遊びましょうね」と無理矢理一緒の状況を演出してしまっていいのか、ということ。

一人遊びをするには知恵がいる。さまざまな関係性を自分でイメージしなければならないから、仲間とただ群れることに比べて「情報編集力」が必要だ。また、一人遊びをすることで、自立心（インデペンデンス）の萌芽も育つ。

繰り返すが、状況の変化に応じて持てるものを組み合わせ、力を発揮しなければならない成熟社会では「情報編集力」が大事になってくるのだ。

「負」の体験のない場所で育つはずはなかろう。

人は誰だって傷つくことが怖い。大人だってそうだ。だからといって、ずっと「事なかれ主義」では行き詰まってしまう。

子どもたちには、小さな失敗や失望をくり返して少しずつ力をつけ、たくさんの自分物語を生み出していってほしいと思う。

一打目を打ち出す勇気

自分の物語を編集するためには、当たり前だが、まず自分の物語を語り始める必要がある。始めてみなければ、何もわからない。

だから、はじめの一歩を踏み出す勇気がなにより大事になる。

たとえば、ゴルフをイメージしてみてほしい。初めてコースに出て、パーを狙うのはむずかしい。知識ばかりで頭でっかちになっている大人が「うーん、どう打ち出そうか？」と三〇分も悩んだ末に、まだ打てないでいるとする。ここで、子どもがさっさと打ち出して、何十打かかってもいいから打ち方を工夫しながら、一五分でホールアウトしたとしよう。

ゲームのルールが「より少ない打数であがる」ではなく、「限られた時間でより経験を積み、技術を磨く」だったら、その子の勝ちだ。

前者は、今まで大人たちが生きた「成長社会」のゲームのルール。そして後者がこれから子どもたちが生きていく「成熟社会」のルール。

何度でもいうが、成熟社会では「正解」を言い当てることより、失敗と試行錯誤の中で、自分自身の「納得解」を導き出すほうに軍配が上がる。

だから、一打目を打ち出す勇気、いや、ある種の無謀さのようなものが必要なのである。まして や変化の激しい成熟社会。子どもたちが生きる未来のゴルフコースでは、一打目を打ち出したあとからカップの位置が変わってしまうなんてこともざらにあるだろう。そういうときにも、自分の目で見て耳で聞いた事実をもとに、自分で考えて行動することだ。

「事なかれ主義」ではなく、むしろ「事あれ主義」で生きること。

どうか、失敗をおそれ完璧を目指させるための監視役ではなく、失敗とそのリカバリーを評価し、試行錯誤しながら生きる子どもたちのドラマを、覚悟を持って見守っていただきたい。

テレビとケータイから逃れる

まだまだ、家庭でできることはある。テレビとケータイへの警告も発しておこう。

家庭生活の中心にテレビを置くこと、小中学生にケータイを買ってあげること。

この二つには十分注意してもらいたい。もし子どもがテレビやケータイ中毒にかかってしまえば、間違いなく「集中力」にダメージを受けるからだ。

また、ケータイを与えっぱなしにしておくと、およそ半分の確率でケータイを使った言葉のイジメから逃れられない。「キモイ」、「ウザイ」、「死ね」というような言葉の暴力だ。

断っておくが、家庭の都合で勝手に持たせておいて、学校に、ケータイに関するしつけやトラブッたときの指導を押しつけるのは筋違いであろう。

ケータイを使ったコミュニケーション系のイジメは、親も教師も気づかないことが多いから、対処は非常にむずかしい。やられている側にもプライドがあるので、なかなか大人に話さないからだ。

いっぽう、テレビを見る時間を制限し、ケータイを自ら制限して使えるコントロール能力を身につけたなら、それは人生をマネジメントする力にもつながっていく。

「情報編集力」のベースになるのは、なんでも足して加えていくことではなく、むしろいらない要素を引いて減らしていって、いま大事なことのみに集中すること。

テレビとケータイという便利なメディアは、この「集中力」という、子どもの頃に養えば一生の財産になるものを奪うリスクをはらむのだ。

「集中力」と、次の項で触れる「バランス感覚」は、子どもの頃に獲得させるべき、最も大事な能力ではないかと思う。

この二つはともに、よく遊ぶことで身につく副次的な能力でもある。

子どもたちのバランス感覚の危機

サッカーでボールを蹴ったら骨が折れた。転ぶときに手をつけられず、顔から転んで大けがした。こうした、子どもたちの身体感覚のバランスの悪さについては、学校関係者には常々報告されている。

コンクリートで埋め尽くされた都会には、安心して転べる土の空き地や芝のグラウンドはないから、思いっきり転ぶ機会は昔と比べて極端に少ない。また、道路がアスファルトで舗装されているから、小さな子を転ばせないようにと、いきおい母親は手を引いて育てる。

そうした物理的な環境の変化もあると思う。

しかし、それより重大な変化は、世の中がチョー便利社会を指向して、環境に対してほとんど働きかけずともほしいものが手に入ってしまうシステムになってしまったことだろう。人間のまっとうなバランス感覚を蝕むこうした便利な道具たちの代表格は、またまたテレビとケータイだ。

まずは、テレビ&テレビゲーム。一日三時間以上ディスプレイを見続けている子が大半で、年間にすれば総ディスプレイ視聴時間は一〇〇〇時間を超える。スポーツにしろお笑いにせよ、すべてテレビの向こう側の現象を観戦しているだけだから、子どもたちが働きかける必要はない。自動的に流れゆく世界なのである。

そして、ケータイ。これはコミュニケーションの道具だから人間のコミュニケーション技術を磨く方向に働くかと思いきや、ショートメールがはびこったことで、そうはならなかった。

「今どこ？」「家」「何してる？」というメールを二時間かけて二〇〇通交換する少女たちがいる。友情が深まるわけはないのだけれど、なんとなく寂しいから打ち続ける。本来二人の間に育まれるべきコミュニケーション上のバランス感覚は、残念ながら親指の下に埋没する。

こうして子どもたちは、体のバランス感覚だけでなく、人間としてのバランス感覚にもダメージを受け続ける。自分と他人とのバランス感覚も、自分と世界とのバランス感覚も。

放っておけば、いつまでも自分と世界とを関係づけることができないまま、見た目、カラダだけは大人になってゆく。

だから、いま、「バランス感覚」を意識することがあらためて大事なのだと思う。

自分の体をコントロールする感覚。地面やボールなどの道具との関係を保つチカラ。他者と体をぶつける感覚。声がけによって自分の位置を知らせたり、なにかを受け渡してもらう技術。自分の働きが他人に及ぼす影響。手や足や身体と世界との良好な関係の結び方について。

こうしたことが、古くて新しい課題になってきた。

カラダに養われたその感覚は、物理的なことだけでなく、対人関係など精神的な（スピリチュアルな）バランス感覚を豊かにする拠り所にもなるだろうから。

さて、いよいよ次章では、正解のない現代社会でいかに問題を解決していくかを学校の中で訓練する［よのなか］科について述べよう。

第４章のまとめ

情報編集力をつけるためのテクニック

1 作文は会話から始める。

- 会話体や心のなかのセリフ（心内文）から始める。
- それだけで文章が生き生きしてくる。

2 問題を図で整理する。

- 他人に説明しやすい。
- 自分の考えが整理される。
- その過程で思わぬ問題点が見つかる。

3 テレビ・パソコン・ケータイの時間を制限する。

- 家庭ではよく遊ぶこと。
- 集中力があがってくる。
- バランス感覚を養う。

4 失敗に対して寛容になる。

- 情報編集力は試行錯誤によって磨かれる。
- まずはやってみる。そこから修正していく。
- 失敗を恐れるよりも一打目を打ち出す勇気が必要。

↓

（集中力＋バランス感覚）×情報編集力がつく

第5章　子どもたちと世界をつなげる

あなたなら、次に示す子どもたちのホンネの呟きに対して、どんな解決を試みようとするだろうか？

自分の子が聞いてきたら、親としてなんと答えるか？

あなたが校長だったら、生徒の問いかけに、学校としてどう応じるか？

「先生たちが教えてくれる知識って、テストに出すから憶えろっていわれればガンバって憶えるんだけど、すぐ忘れちゃうんだよね。

英語は将来使うかもしれないからいいんだけど、社会科や理科で習うことって、ホントに使うのかなあ。毎朝のニュースじゃ、家族で殺し合うような悲惨な事件や、大人たちのしょーもないウソや言い訳や、型通りの謝罪会見や、詐欺や、偽物や、汚職や天下りの話題ばっかりでしょ。勘弁してほしいんだよな。ま、〝そんなの関係ねえ〟でもいいんだけど。

学校で習うことがどう世の中とつながってるのか、さっぱりイメージできないんだよね。僕たちの日常でいちばん馴染みが深いのは、ハンバーガー、コンビニ、ケータイ、ＣＤやＤＶＤやコミックのレンタル、百円ショップ（百均）……でしょ。それらが僕たちにとっての〝世の中〟。

それらと、社会や理科って、どうつながってるのかなあ。

おまけに、中学生にもなったら政治に関心持てってていわれるけど、参議院とか衆議院とか、なんだか揉めてるだけでわかんないし。法律だって、かかわりの薄い裁判所の制度や刑法と民法の違いくらいしか教えてくれないから、裁判員制度が始まるよっていわれても、関係ないジャンって、正直思う。

こころの教育とか、いのちの何チャラとか、先生たちにはいろいろ読ませられるんだけど、肝心なところはごまかされちゃうしね。

自殺がこれだけ起こってるのに、まともに授業で議論したこともないし、少年による殺人事件だって、臭いものには蓋ってことなのか、授業では扱わないし。なにか、社会問題の根っこのところを全部目隠しされて、耳だけで教えられてる気がするんだよね。捨て子や借り腹や、クローンやホームレス問題。整形や離婚や、安楽死や宗教の問題も。

ところが、テレビもネットもあるから、僕らだってちょっとは知ってるわけさ。

もうちょっと、世の中のことがビビッドに伝わる授業できないのかねえ。なんで勉強しなきゃなんないのかが伝わってくるような。

そうじゃないと、自分が世の中の一部だって感覚をまったくつかめずに大人になっちゃう気がする。どうかかわっていったらいいのか。どうしたら、ほんの一部でもいいから、その世の中ってものを動かせるのか、イメージできないんだよね。

こんなことだから、ニートがふえるのも当たり前なんじゃないの」

こうした子どもたちに、いかに学ぶことを動機づけるかということを出発点として、「よのなか」科は生まれた。

「よのなか」科は「つなげる」学問である。

何と何をつなげたのか？

文字どおり「学校の授業」と「世の中」とをつなげたのである。

その結果、子どもたちは、世の中で起こっている現実と学校の授業とのリンクに気づく。「なぜ学ぶか」を宙に浮かせたまま知識を押しつけるより、学ぶ動機づけも高まるはずだ。

「よのなか」科は、その意味で、学校の授業の中につくられた、現実社会の「出島」なのである。

その最大の特色は、大人と子どもが一緒に学ぶスタイルにある。

大人というのは、担任の先生だけでなく、保護者や地域の人や教員になりたい大学生、教育関係のビジネスマン、あるいは議員や教育委員会の指導主事、小学校の先生、塾の講師など、広い意味での教育関係者を指す。

和田中の二〇〇七年度の三年生は一〇〇名近かったが、［よのなか］科の授業では、六人ずつのグループを組んで、そこにいつも一人から四人の大人を入れて一緒に議論していた。

教えるためではない。二〇名から六〇名の大人が、中学生と一緒に毎週学んでいたのである。

子どもたちが江戸期の長崎の町民や武士たちで、大人たちが多様な知識や技術、圧倒的に異なる経験や文化を持ち込んだバテレン（ポルトガル、スペイン、のちにオランダから渡航した南蛮人）だと仮定してみてほしい。異国文化が流れ込むなかで、町民や武士の知識が再編集され、意欲や志も高まり、次の時代を拓く人材が養成された。世界とつながることでエネルギーが流れ込み、そのエネルギーを持ち込む異文化人と地元民とのコミュニケーションの渦が生まれ、新しい時代が準備されたのである。

学校だって、鎖国していれば沈滞する。どこか一カ所でいいから、一週間に一〜二コマでもいいから「出島」をつくり、そこにバテレンが入り込む余地を与えるべきなのである。バテレンは学習の動機づけを与えてくれる活性剤だ。

子どもたちはもちろん、外からの刺激があるから、この授業を喜んで受ける。あとからの感想にはいつも決まって書かれることがある。「時間が早くたっちゃう」と。面白いし、集中が切れないからだ。

大人たちも喜んで、授業への参加がやみつきになる。「中学生って、こんなことも議論できるんですね」、「大人に対してはいつも斜に構えちゃうのかと思っていたら、けっこう素直にアイデアを出すんでビックリ」と。

先生も助かる。正解がわからないからとても教えられないと勘違いしていたものが、もともと正解がない問題を採り上げるのだから、自分の経験から議論に加わればいいことに気づく。授業の流れを無理矢理、正解のほうへ導く必要がないのだ。

正解を当てるのではなく、状況をつなげていく思考技術

私が七年間学校で教え（足立区立十一中で一年、杉並区立向陽中で一年、和田中で五年）、いま、全国に広まろうとしている［よのなか］科の授業内容は、子どもたちの「情報編集力」を高め、OECD（経済協力開発機構）がおこなうPISA調査（国際学習到達度調査）における「PISA型学力」を身につけさせるためのものである。

従来から「学力低下」問題として指摘され、「ゆとり教育」のせいで下がったとされる「旧来の学力」ではない。「旧来の学力」とは「読み書きソロバン」の早さや正確さ、あるいは「正解」をたくさん頭に詰め込んでテストでの再現性（正答率）を見るものだ。受験勉強でパタ

ーン認識力を鍛えれば、自然に高まる。私はこちらのほうを「情報処理力」と呼んで、「よのなか」科で養う「情報編集力」と区別しているということは、すでに何度も書いた。

じつは「情報処理力」と「情報編集力」は相互に絡み合うものなのだが、この場では、「情報処理力」は「旧来の学力」、「情報編集力」は「未来の学力」と記憶しておいてもかまわない。

「よのなか」科では、子どもたちの身近な題材から「正解が一つではないテーマ」を取り上げ、大人の学習者と一緒になって、「正解」ではなく「納得解（自分が納得でき、かつ、関わる他人を納得させられる解）」を導き出すための思考技術を学ばせる。

成熟社会に入った日本では、世の中に出れば、もはや万人に共通する唯一の正解なんてないからだ。

大人はみな仕事の中で、試行錯誤しながら自分自身の「納得解」を探している。中学生だって、日常生活ではそうなのである。複雑で変化が激しい社会では、なんにでも「正解」があると思って育った子は弱い。これに対して、正解のない問題が起きても、間違いをおそれず「納得解」を探す態度を身につけた子は強い。

だから、「よのなか」科の授業は、こんなふうに進む。

たとえば、「ハンバーガー店をどこに出店すれば儲かる店になるか？」を討議してプレゼンしたり、「自転車放置問題はどうすれば解決するのか？」をブレーンストーミングして、ゲストティーチャーとして呼んだ議員に提案したり。

子どもたちに馴染みのあるロールプレイやシミュレーションというゲーム的な学習法を多用し、授業で取り上げる課題を自分のこととして考えるよう導いている。

「建築家になって自分が将来住む家をデザインしてみよう」とか、「自分が首相だったら大きな政府と小さな政府、どちらを目指すか?」とか、「親だったら、自分の子のクローンをつくることを是とするかどうか」とか、「自分が裁判員だったら、殺人を犯した少年をどう裁くのか。弁護士だったら、検察官だったら」など。

保護者や地域の人々とのディスカッションがとくに盛り上がるのは、親と子の利害が異なったり、大人と子どもで視点がまるで違うような場合だ。

「子どもに一人部屋(個室)は必要か?」をディベートしたり、「ゴムを使った付加価値の高い新製品を考え出そう」というブレストで、アイデアを付箋紙に書き出し、班ごとに共通のシートの上で同類のものを分類・整理したり。

ふつう、学校ではタブーにしてしまうような社会的に重要なテーマも、毅然としてディベートの題材にする。

「もし誰にも迷惑をかけない方法が可能だとすれば、自分を殺す行為つまり自殺は是か非か」、「母親が末期がんでもう余命幾ばくもない。モルヒネも効かなくなって痛みに苦しんでいる。ここでチューブをはずせば楽にしてあげられるのだが……安楽死は是か否か」、「捨て子が現実にはいるのだから〝赤ちゃんポスト〟は必要だと考えるか、それともそういうシステムはかえって安易に捨て子する親を増やすと考えるか」。

たまに、そんなことを議論すれば「寝た子を起こす」などと戯《たわ》けたことをいう先生にお目にかかるが、もう子どもたちは、こうした問題を前に眠ってはいない。テレビからの情報が過剰に入っているからだ。

眠っているとすれば、それは先生たちのほうだろう。

私は、こうした授業を通じて、子どもたちを、そろそろ旧世代の「正解の呪縛」から解放してほしいと願っている。

学校の諸活動をネットワークで内外につなげる

学校と世の中をつなげる［よのなか］科という授業スタイルの普及にも、〇六年度以降、文科省から年間五〇〇〇万円の予算がついて、全国に［よのなか］科を教える教員が育ちつつある。

〇六年、私から直接三日間の研修を受けた教員の中で、十数人が［よのなか］科のマスターティーチャーに成長した。〇七年は彼らが全国七カ所で数百人の教員に［よのなか］科の教授法を教えるまでになった。この活動の詳細は、全国［よのなか］科ネットワークのウェブサイト（http://www.yononaka-net.com/mypage/top/index.php）でご覧いただける。

なお、初年度（〇六年）に私の研修を受けた教員のうち、自分の学校の課題解決に必要だとその有効性を強く確信した者がほとんどだったにもかかわらず、実施率が一〇％にも届かなかったのは、もっぱら管理職の無理解による。事後アンケートでは「校長に理解がないから、やりたいのにできなかった」教員が七割にものぼったのだ。

そこで二年目（〇七年）には、教育委員会に理解のある自治体から順に、管理職研修を私自身がおこなっていった。全国で二〇〇〇人近くの校長、教頭（副校長）、指導主事が［よのなか］科と地域本部方式の学校経営の指導を受けた結果、実施率は飛躍的に高まったと報告されている。

和田中をモデルとする、世の中とつながった「ネットワーク型の授業」と、世の中とつながった「ネットワーク型の学校経営」の姿は、きちんと話せば、たいていの教育長、校長、教員が問題解決に不可欠の現実的な手段だと理解してくれるのである。

ちなみに、東京大学基礎学力研究開発センター（苅谷剛彦教授グループ）の和田中での三年にわたる研究によれば、［よのなか］科を受けた生徒のＰＩＳＡ型学力の上昇が検証されている。とりわけ、ＰＩＳＡ調査に特徴的な論述問題では、正解に呪縛される傾向のある日本の子どもたちの一般的な傾向（無答が四〇％を超える）に対して、飛躍的な成果（同じ問題に対する和田中の生徒の無答率は五分の一以下）であった。

この本は、全国に誕生するはずの一万人のコーディネータと、開かれた学校づくりによって本気で子どもたちの未来を拓く意志のある「ネットワーク型教育長」、「ネットワーク型指導主事」、「ネットワーク型校長・教頭（副校長）」、「ネットワーク型教員」、そして保護者たちに読んでもらいたいと強く願うものだ。一〇〇万人の教員のうち一％が変わって「ネットワーク型」でつながる学校が各地に現れれば、公教育の未来は明るい。

なにより、子どもたちの未来は待ってはくれない。来年にとか、三年後、五年後などと、大人の都合で時間稼ぎしてはいけない。

世界をつなげる仕事が大事になる時代

「つなげる」ことで解決するのは、教育問題だけではない。

突拍子もないことをいうと驚かれるかもしれないが、まずは、こんな例題はどうだろう。

「世界中で一年間に餓死する人は一五〇〇万人にのぼるという。いっぽう、日本では、飽食の時代と指摘されて久しいが、一日に廃棄される食料が一五〇〇万人分という説がある。コンビニやデパートでおにぎりや弁当が廃棄されたり、給食の残飯だったり。もし、日本人が食べ残す一五〇〇万食を世界の飢餓地帯で苦悩する人々に運べれば……」

たいていの人は、運べるわけがないだろうと考える。

私ももちろん、第一印象ではそうだ。

しかし、本当にそうだろうかと、ここでいったん疑ってみる。これが、批判的洞察力、英語ではクリティカル・シンキング（Critical Thinking）と呼ぶ態度だ。

現在、私たちが世界中の美味しいワインを手頃な価格で飲めるのは、ワインの運搬と保冷の分野で、何年か前に飛躍的な技術革新が起こったからである。

私は、近所のディスカウンターで買うフランス産の赤ワイン、深紅のラベルにフクロウのマークが印象的な「MYTHIQUE（ミティーク）」をよくテーブルワインとして飲んでいるが、これはパリに住んでいたとき飲んでいたワインに匹敵する。あのころ（一九九四〜九五年）は、一年間で二〇〇本は飲んだと思う。八九年の「サンテミリオン」や九〇年の「ポムロール」が近所のスーパーで二〇〇〇円前後で買えたからだ。同じ値段でいま「ミティーク」が買え、味にも満足している。オーストラリアやカリフォルニア、チリなどのワインが美味しく飲めるのも、醸造だけでなく運搬と保冷技術の革新のおかげだ。二〇年前なら考えられなかったことだろう。

だから、ひょっとして、いくつかの技術革新が起これば、「日本の廃棄食料」と「世界の飢餓にあえぐ人々」を結びつけることも可能になるんじゃないかと思えてくる。ましてや、世界を制覇したカップラーメンの例を挙げるまでもなく、日本のレトルト食品の加工技術は世界一だ。

たとえば、食料を余った地点の近くで凍らせ、粉砕して運び、現地で固形にする方法はどうだろう。「運ぶ」技術が大事なのだが、粉なら腐りにくいから、石油を運ぶタンカーの帰りに乗せても大丈夫かもしれない。あるいは、パイプラインの中を真空にして、高速で移動させることはできないものだろうか。

何十年も前からSF（サイエンス・フィクション）ものに登場する「テレポーテーション（ファクシミリを使って文書を遠隔地でコピーするように、モノを瞬間的に異動させる）」技術が開発されるようなことがあれば、何も問題はない。余剰な食料が発生するのは日本だけではないから、余剰国から不足国へのネットワークを整備すればよいだろう。

もちろん、飢餓の原因はさまざまだから、砂漠化を防ぐ植樹や汚水の浄化、農業や灌漑技術の伝授から内戦の回避まで、支援を受ける人々の自立を促す諸施策が重要なことはいうまでもない。

しかし、つながっていなかったものをつなげることで解決にいたる問題は世界中に広がっている。NPO（非営利組織）やNGO（非政府組織）の活躍がおおいに期待される分野だ。

それと同時に、すでに「つなげる」技術に着目し、ちょっと前まで考えられなかった分野で事業を営む起業家も現れている。「社会起業家」と呼ばれる人たちだ。

インドの貧しい人々のために、非常に細かい資金をつなげて融資する「マイクロ・ファイナンス」という手法を確立した起業家。さらに、その融資のネットワークを使って、バスも通らない田舎まで安価なケータイ電話のサービスをつなげてしまった別の起業家。

企業が廃棄する社宅や独身寮を老人介護につなげて利用することで安価なシニア住宅を提供する日本の女性起業家。子育てのベテランであるオバアちゃんたちを若い母親につなげ、病気の子どもを預かる（病児保育）という、働くお母さんにとっての死活問題を解決しようとしている日本の若手起業家。

あらゆる社会問題の解決に、NPO、NGO、株式会社と、姿かたちは異なれども、「つなげる技術」が効いてくる。

成熟社会では、どんな先進国でもかならず「ペット社会」になる。

経済的な余裕ができることもあるが、複雑で変化の激しい時代に動物に癒しを求める家族が多くなることと、老人を中心に独居者が多くなるからだ。

では、ペットの病気はどうするか。獣医の診察や治療は無保険では高い。そこに、保険会社と獣医をつなぐネットワーク型のサービスが生まれる余地がある。まだまだ普及は十分ではないが、つなげる技術が一段と高まれば、保険の利用者がふえ、掛け金も安くなるはずだ。

子どもを夜間、塾に行かせている親の心配の種は帰り道の安全だ。

だから「いま、塾を出ました」と塾側が親のケータイメールに配信するサービスが喜ばれる。ちょっとした情報をつなげるだけで、サービスレベルが格段に上がることがある。

コンビニもｉＰｏｄもニンテンドーのＷｉｉも、つなげることで大ヒットしたサービスの好例だろう。

コンビニは「日常の食住生活でほぼ毎日必要なもの」を「一人暮らしか個別の食事を求める家族」に結びつけた。だから、コンビニは街の大きな自販機であり、冷蔵庫であり、配送ステーションになった。

ｉＰｏｄは「音源」と「個別の音楽視聴を求める若者」をインターネットでつなげ、メモリー・チップを内蔵した端末のデザイン性とともに、聴くことの新しいスタイルを創り出した。

ニンテンドーのＷｉｉは「テニスやゴルフやスキーやボーリングのようなコミュニケーションスポーツ」を室内に取り込み、ゲーム上の対戦を「家族のコミュニケーション」に結びつけた。また、メタボを含めた「個人の健康に対する不安」をゲームに取り込むことで、ゲーマー同士の結びつきを圧倒的に多世代に広げることに成功した。

そして、いうまでもなく、つながっていなかった人と人とを、いつでもどこでも「つなげる」だけで圧倒的な成功を納めたのは、ケータイという大ヒット商品である。

ビッグマック指数から為替を考える

学校で教えることだけが、こうした「つながること」の流れから、無縁でいられるわけがない。

例題を出してみよう。

「あなたが教師になったとして、中学生くらいの子どもたちに、為替の機能や円ドルの為替レートをやさしく教えるにはどんな方法があるだろうか？　当然、円高や円安をどう教えるかも、あわせて考えてほしい」

さて、閉ざされた教室で、鎖国中の教師がこれを教える場合は、たぶん、こんな感じになるんじゃないかと思う。

黒板におもむろに「為替レートとは？」と書いて「二つの国のお金の価値の割合」について延々と説明していくのだ。さまざまなケースを箇条書きにしてノートに写させるかもしれない。結果、子どもたちはチンプンカンプンのまま、うつろな目をしてこれを聞き流す。抽象的な説明は、いったんわからなくなったらヒンドゥー語のお経に聴こえるからだ。

では、開かれた教室で、知識を世の中のじっさいの動きと結びつけて「つなげる」技術を持った開国派の教師が教えるとどうなるか？

「ビッグマック指数」を使うことになるだろう。たとえば、こんな感じだ。

「君たちのなかで、マクドナルドで〝ビッグマック〟が好きっていう子はいる？　そう、じゃあ、君。単品ではいま、いくらで食べられるかなあ。二八〇円？　日本で食べると二八〇円なのね。じゃあ、まったく同じ〝ビッグマック〟をアメリカで食べたらいくらになるんだろうねえ。誰か、夏休みにハワイとかグアムに泳ぎにいった人いる？　そのとき、アメリカの店ではいくらだったかなあ。憶えてない？　じつは、三ドルくらいらしいんだ。

まったくおんなじ価値の〝ビッグマック〟が日本では二八〇円、アメリカでは三ドルね。だとすると、簡単な割り算をすれば、一ドルと同じ価値の日本円がだいたい計算できるよねえ。そう、二八〇÷三＝九三円くらいだねえ」

いくらマクドナルドが全世界で合理的な調達をしているからといって、じっさいの為替レートは当然、〝ビッグマック〟だけでは決まらない。円ドルを直接売買する為替ディーラーの思惑がおおいに影響するからだ。

しかし、理論上は、超合理的に資材を調達している会社の交換レートに寄ってくる。もっといえば、為替レートとは、ハンバーガーだけでなく、鉄も自動車もケータイもゲームソフトも石油も金も、通貨そのものをも含めた「すべての商品」の交換レートを総合したものとして現れるのである。

この授業には、輸入や輸出をやっている会社に勤めているお父さんをゲストティーチャーに呼ぶこともできる。お父さんだって、ＰＴＡの集まりに行くより照れないし、授業に参加するのはちょっと誇らしいんじゃないかな。

（円高・円安を理解させる［よのなか］科の授業については、全国［よのなか］科ネットワークのウェブサイトで五分間くらいのビデオ映像をご覧いただけます。http://www.yononaka-net.com/mypage/model/movie.php?file=y03&no=3）

どうでしょう。

この教え方なら納得でしょ。子どもたちも腑に落ちるんじゃあないだろうか。

「つながる」、「つなげる」、「つなぐ」、「結ぶ」、「結びつける」ことを意識して、そうしたネットワーク型の授業ができる教師をふやす必要性を、ちょっとは感じてもらえただろう。

こうした「つなげる」授業をデザインしたり、会社でつながっていない顧客を「つなげる」サービスを考えたり、ネットで「つながり」をサポートするソフトを開発したりするとき、発想法として大事なのは、世界が「つながっている」と意識することだ。

「つながっている世界観」で世の中を生きること。直情的で、短絡的な発想をしないこと。つまりそれは、「情報処理力」より「情報編集力」のほうで、頭を柔らかくして考えることにほかならない。

親と子の［よのなか］科のすすめ

やや応用編にはなるが、家庭でできる［よのなか］科についても触れておこう。

親と子の［よのなか］科である。

食事の最中のわずかな時間に、できればお父さんから仕掛けて、世の中のさまざまなできごとについて議論する。いや、議論するというより、子どもに質問してあげて、それを頷きながら聞いてやればよい。「へーえ、なるほどねえ。そういう考え方もあるかねえ」というように。どんなバカなアイデアでも、けっして否定しない。会社の企画会議でよくやるブレーンストーミングの要領で、子どもの考えを少しでも引き出してあげるのだ。

学校で［よのなか］科がおこなわれている場合には、そのワークシートを子どもが持って帰るから、それをそのまま夕食時の会話の題材にしてもよい。

とはいっても、まだ、［よのなか］科を実施している学校は少ないから（［よのなか］科をマスターしているマスターティーチャーも全国で一〇〇人以下だから）、お父さん、お母さんが自ら［よのなか」科のナビゲータとなって、題材を選んでくれるとうれしい。

この際、参考にしてほしいのは拙著『親と子の［よのなか］科』（ちくま新書）だ。話題に困ったら、この本を覗いてくれれば、三〇以上の話題が満載されている。学校の先生は、学活などの時間にやる軽い［よのなか］科に利用できるだろう。ディベートのネタにもなる。

子どもに身近なモノや物事から入るのがコツだ。

たとえば、コンピュータのキーボード。アルファベットが無茶苦茶に並んでいる印象があると思う。英字が配列されている三段目（通常は数字が配列されている段の下）の左隅から「QWERTY」と並んでいるから「クウェーティー」配列などと呼ばれる。

では、なぜ、こんなふうに並んでいるのか。私たち日本人には、この上なく打ちにくいような配列なのだが、英字を母国語とする人々には、なにか意味があるのだろうか。子どもと一緒に考えてほしい（答えは前出の『親と子の［よのなか］科』に載っている）。

また、小中学生に「ためになるから、新聞を読みなさい」と説教しても、なかなか習慣づけはむずかしい。しかし、新聞紙をネタに子どもが興味を持つ［よのなか］科の話題をふることはできる。

たとえば、新聞と書籍を比べる、こんな［よのなか］科はどうだろう。

全国版の新聞の朝刊は通常二つ折りにされて三〇ページほど。配達されるときにはさらにそれを二度か三度折って届けられる。

三〇ページを折り返して重ねれば六〇ページ。さらにそれをあと二回折って、書籍とほぼ同じ大きさにまでたためば二四〇ページになる。これで本屋で見かける通常の書籍と同じくらいのページ数になったことになる。

文字の大きさがほぼ等しいとすれば、新聞の朝刊と書籍とは「情報量」がほぼ一緒と考えられる。ところが、新聞の朝刊は一部一〇〇円から一五〇円。書籍の場合には一〇〇〇円から一五〇〇円はする。一〇倍の値段である。さて、どうしてだろう、という問いかけだ。

同じ「情報量」ならば、同じ価値があり、ほぼ同じ値段でもおかしくないはずだ。一〇倍の開きがあるのには、なにか理由がある。さて、どんな理由か？

これも『親と子の［よのなか］科』に種明かししておいた。

大人の方々にはすぐに理由が思いつくだろうが、子どもがいうさまざまな理由もけっして無視しないで聞いてやってほしいのだ。新聞のほうが「紙がボロいから」とか「売れないから大安売りしている」とか。

さらに、続けて、こんなふうに理科的な問いかけも可能だ。

このまま何度も折っていったら、いったいどれほどの高さになるかということ。

「一枚の新聞紙をもし一〇〇回折ったら、どれだけの厚さになるだろうか」

じっさいには不可能である。さっきやったように、三〇ページを書籍と同じ大きさにする段で、あと一回、二回で限界だろうとわかる。だから、この場合、二倍、二倍ずつの枚数を重ねていったらどこまで届くか？　という質問と同じことになる。

新聞一枚の厚さは約〇・一二五ミリとする。

さて、一〇〇回折ったら、次のどこまでの高さになるだろう、推理してみてほしい。

①教室の天井
②校舎の高さくらい
③富士山の山頂までいっちゃう
④月よりも向こう、宇宙の彼方へ

答えは高校生以上なら、対数の計算で求められる。

概算

$$2^{100} = (2^{10})^{10} = (1024)^{10} \fallingdotseq (1000)^{10} = (10^3)^{10} = 10^{30}$$

0.125×2^{100} (mm)
$= 0.125 \times 10^{30}$ (mm)
$= 0.125 \times 10^{30} \times 10^{-6}$ (km)
$= 0.125 \times 10^{24}$ (km)
$= 1250,0000,0000,0000,0000,0000$ (km)
$= 0.125 \times 10^{24} \times 10^{-13}$ (光年)
$= 0.125 \times 10^{11}$ (光年)
$= 125,0000,0000$ (光年)

全国[よのなか]科ネットワークの研修に参加した数学教師の一人が試算したもの

式は〇・一二五ミリ×二の一〇〇乗だということはわかるだろう。

さて、計算してみるとどうなるか。じつは、宇宙の果てまで行ってしまうのだ。光年の世界でなければ計算できないほどに。

新聞紙は、政治・経済・社会だけでなく、こうして宇宙論にまで「つながる」。あるいは、[よのなか]科は食卓を宇宙に「つなげることができる」ともいえる。

とにかくどんどん書くことのできる子

[よのなか]科の授業は、文科省認可の新教育システム開発プログラム予算を受け、全国への普及が始まったところだ。小学生でも、高学年であれば、全カリキュラムのうち三分の一は実施可能だろう。詳しくは、「全国[よのなか]科ネットワーク」のウェブサイト（http://www.yononaka-net.com/mypage/top/index.php）を参照してもらいたい。

[よのなか]科は、学校で習う知識があまりにも「正解主義」に偏り、世の中の実相とかけ離れてしまっている状況を改善するために開発されたワークショップ型の授業だ。すでに[よのなか]科のマスターティーチャー研修を受けた教員が、全国で「正解主義を超えた」授業実践を始めている。

［よのなか］科の学習を繰り返すことで、発言下手の男の子でも、半年後には変化する。

まず、ワークシートに一行くらいは書けるようになり、発言できるようになり、のちに、必ずディベート好きになる。「〇〇君がこんな意見を言ったのが意外だった」とか、「今日は上手く言えなかったから悔しい」とか、「たしかに、そういう見方もあるなあと思った」という感想がどんどんふえていく。

発言力を向上させると、ＰＩＳＡ型学力の向上にもつながる。

東京大学基礎学力研究開発センターの苅谷剛彦教授のグループが［よのなか］科を一年間受講した三年生にテストを受けさせたのだが、その中にＯＥＣＤのＰＩＳＡ調査で出題された問題を紛れ込ませてみた。

結果、日本の子の四〇％以上が白紙回答したような問題に対しても、和田中の生徒の白紙回答はたった六・五％。ただし、正答率は上がったが、誤答率も日本の平均から著しく上がった。

つまり、トンチンカンな答えも多かったのだ。

日本の弱点「記述式」和田中が克服法

上越教育大の藤田武志准教授（著者注：苅谷剛彦教授のグループで和田中を三年以上にわたって調査し続けている）が、〇五年にテストを行い分析した。日本の無答率の平均が四一・九％に上ったある記述式の問いでは、和田中の無答率は六・五％。学力ナンバーワンのフィンランドの無答率一三・八％よりはるかに低かった。別の記述式の問いの無答率も六・五％で、日本平均二二・九％より下回った。

（二〇〇七年一一月五日、毎日新聞「教育の森」より）

それでいいのである。

日本が進めるべき新しい教育の姿は、「正解主義」から脱して、間違ってもいいから自分の意見を発言するよう奨励すること、変化する社会のなかで試行錯誤しながら納得解を求めるチカラを育てること、そして、自分自身の世界観、人生観、幸福観をそれぞれに描ける「情報編集力」を身につけさせることなのだから。

和田中学校で校長自身が先生となって指導する［よのなか］科は、クリティカル・シンキングの技術を含めて、子どもたちに、こうしたクセをつけるための試みだ。〇八年現在も、和田中ではこの伝統を引き継ぎ、代田《しろた》昭久《あきひさ》・新校長がオリジナルな［よのなか］科の授業を続けている。

正解のない問題の評価

和田中に来て五年、一年間に二四〜三〇回分の［よのなか］科の授業を受けた生徒たちに、最後に課していた作文がある。一二問の問題に対して、それぞれ二〜三行で自分の考えを書けという問いかけだ。

四五分程度で書かせるから、生徒たちは一問に三分程度で六〇字から一二〇字程度の文章を書き入れることになる。

断っておくが、「調べ学習」ではない。自分のアタマの中にある関連する知識や経験の断片を「つなぎあわせて」文章を編んでいく。週にたった一回ではあるが、[よのなか]科で学び続けた「情報編集力」が試される。

だから私は、このテストを「[よのなか]科検定試験」と呼んでいる。さながら「クリティカル・シンキング検定試験」のような問題だ。

読者にもここで、力試しをしてもらおう。

さて、一問に三分間で三〇字×三行程度の「自分の考え」が書けるだろうか。

［よのなか］科検定試験

問1　ハンバーガーはこれから安くなるか？　高くなるか？　その理由は？　記せ。

問2　ゴムをより高く売ろうとしたら、どんな工夫をするか？　記せ。

問3　将来自分が家を建てるときには、何に一番お金をかけるか？　記せ。

問4　自分の出身中学校にあなたが「付加価値」をつけるとしたら何をするか？　記せ。

問5　「税金」は、いったい誰のために徴収するものだろうか？　記せ。

問6　「自転車放置問題」の自分なりの解決策を記せ。

問7　学力低下問題が議論されているが、土曜日の授業は復活すべきか。なぜ？

問8　人を「差別」することがどうして起こるのか、イジメとの関連で記せ。
問9　一〇歳の少年が殺人を犯した。あなたが裁判員だったら何を質問するか？
問10　いま一度聞く。自分を殺す行為（自殺）は「是」か「非」か。なぜ？
問11　人間にとって「宗教」とは何か、記せ。
問12　経済的な「自立」と経済的な「貢献」のほかに、あなたにとって、どんな「自立と貢献」の姿があるか。自らの実体験をもとに記せ。

最後の問いかけは、和田中の教育目標が「自立貢献」であることによる。

同時に、「自立貢献」の四文字熟語は、成熟社会を担う市民に必須のコンセプトでもある。

ある三年生は、この問12に、こんなふうに答えている。

「私は、朝ボランティア（著者注：和田中名物で毎週水曜朝の正門周辺の落ち葉掃きや芝刈りを指す）

や生徒会活動を通じて社会に参加し、自分で貢献する大切さを知り、自然な意識で貢献できるようになった。たくさんの人が協力し、自分を支えてくれていることにも気づかされた。一人では、自立できないということである。貢献によって、自分とは何かについても知ることができたと思う」

「[よのなか]科のディベートで意見を発することで、周囲の中から自分の考えを自立させたと思います。また、和田中の毎日の掃除が学校をキレイに保つということで貢献してきたのだと思います。また、自立しないで貢献ばかりしている人は、自分の考えがない八方美人だと思います」

以下の三つの文章は、私が最後の卒業式で読み上げた〇八年の卒業生のもの。

卒業式ではいつも「テレビのコメンテータや人気タレントの言葉を鵜呑みにするのではなく、自分の頭で考え、行動する人になってほしい」というメッセージを伝えるのだが、ここ何年かは、その好例として生徒自身の作文を読み上げていた。

君たちは、こんなことまで自分で考え、自分自身の言葉で表現できるようになったんだよと、褒めてあげるためだ。

「自立は、自分で何かをやりとげ、その中でみんなといっしょによい経験を残し、つながりをもてること。そうした体験から、自分と相手との自立と貢献になるんだと思います」

「相手の気持ちを考えて、その人に貢献することが大切。貢献することで自立できる。部活動で、先輩に頼ってばかりだった後輩が、自分たちだけで演奏したりするのを見ると、自立してると感じる」

「私は、３年生の合唱コンクールで金賞をとることができた。クラスでの練習では、なんだか一人一人が映えているように見えた。一人一人が独自の色を持っていて、独立しているようにも見えた。これが自立だと思う。でも、バラバラな訳ではない。いや、一丸となっていた。貢献だ。だから、誰かのために一生懸命になれたら、自立したことになるのだと思う」

「相手」を意識し、他人の存在を前提にした考えが語られている。大人への芽生えが見て取れる。「貢献が先、自立が後」というメッセージもきっちり伝わっている。

ちなみに、問1、ハンバーガーが安くなるか、高くなるかはたいてい意見が割れる。

「ハンバーガーは安くなると思います。なぜなら、アメリカの牛肉を再び輸入したことにより、日本人の牛肉に対する警戒心が強まると思うからです。新聞で、牛肉を食べたくない人が食べたい人を上回ったからです」

「高くなる。なぜなら、日本経済は少子化にともない衰退するので円安になってしまう。なので円の力が弱まり、材料を全て輸入しているハンバーガーの値段は高くなると思う」

後半は難問である。大人でもにわかには答えられないに違いない。

問８、「差別」はどうして起こるのか？

「それは物事を数字化した際に、強者と弱者が発生するからだ。強者は弱者を数で圧倒し、存在を安定させようとする」

「人は他人よりも上の立場でいたいと思うからだと思います。また、一人を非難することで、変な団結力が生まれ、人はそれを自分が強くなったと勘違いするからです。人は一人ではみな弱者なのです」

問10、自殺は「是」か「非」か。

「私は是だと思います。なぜなら、生まれてきてからは、その命は自分だけのものだと考えるからです。その人にとっては、生まれたくて生まれてきたのではないかもしれないから」

「非である。死の先に未来などないからだ。死んだとしたら、悲しみを乗り越えて自分の強さを得る喜びを味わえないからだ」

問11、人間にとって宗教とは何か？

この難問に対しても、和田中では、五年間にわたって考え続けてきた。あるメジャーな宗教団体の指導者が生徒とともに授業を楽しんだこともある。中学生がここまで考えられるものかと感銘を受けていた。

「心のよりどころだと思います。木は大地が母だというように、人間も自分の母を求めて自分自身で形のないものをつくり出し、それを信じていくのだと思います」

「自分を映す鏡である。自らの信じるものをたてまつるのが宗教だからだ。自分の考え方、理解、行動こそ宗教に通じるもの。だから、宗教を信じない人は、自分のことをすでに見ることのできる人である」

中学生、恐るべしと感じていただけただろうか？

［よのなか］科を受けたあとだと、こうした難問に対して、七～八割がたの生徒が二～三行の記述ができるようになる。

結論を先に述べ、「なぜならば」と理由を述べる話法とともに論理的思考が鍛えられていく。

火曜七時間目の作文の時間のマジック

和田中ではこのほかに、一年生のときから次のような問いかけに対して意見文を書くことを義務づけている。

最初のころは、中学生に最も身近なテーマから入る。

「中学生に携帯電話は必要ではない」、「中学校に制服は必要ない」、「電車やバスに優先席は必要ない」、「親しくなった先輩には敬語を使う必要はない」、「ボランティアは自分のためにするものだ」、「失敗やざせつはすぐに忘れたほうがよい」、「中学生はもう大人である」……それぞれにまず賛成か反対かを表明し、その理由を述べさせる。

三年間で、通常の国語の時間とは別に五〇回は書かされるから、いやでも論理的思考がついてくる。ＰＩＳＡ型学力へのステップアップでもある。

二〇〇字の作文だが、書く様式は決めている。

まず、第一段落に、問題のテーマについて「賛成」か「反対」かを書くこと。

第二段落以降に、その理由や理由を支える事実、経験を書くこと。

また理由を述べる際は、必ず、次のどちらかの言い回しで書くこと。

①なぜなら……だからです。たとえば……（こんなことがありました）。
②理由は二つ（三つ）あります。一つは……、もう一つは……だからです。
たとえば、こうなる。

問「失敗やざせつはすぐに忘れたほうがよい」という意見について、あなたの意見を述べよ。

「私は失敗やざせつはすぐに忘れたほうがいいという意見に反対です。
なぜなら、失敗する事により自分を見つめ直すことができ、新しい失敗を防げるからです。
私はバレエを習っています。どうしてもできない技があるときに……（以下略）」
（ある一年生の文章より）

二年生、三年生とだんだん課題のテーマが幅広く、むずかしく、深くなる。
すべて、二〇〇字の作文用紙に一五〇字以上書くことを条件にしている。

課題1　あなたは、遊園地の無料入場券を持っています。最初友人のAさんと一緒に行こうと思って誘ったのですが、その日は、用事があるからと断られました。そこで、Aさんほど気が合うわけではないけれど、それなりに仲良くしているBさんを誘い、Bさんと一緒に行くことになりました。ところがその後でAさんから、「その日の用事がなくなったから一緒にいきたい」と言われました。あなたが、最初に行きたかったのはAさんですが、今はBさんと行くと約束してしまっています。入場券は二枚しかないので、二人ともと一緒に行くわけにはいきません。あなたは、Aさんを断りますか。それとも、Bさんを断りますか。どちらか一方の立場を選んで、あなたの選んだ立場がいいと主張する意見文を書きなさい。

課題2

A君は男子バレーの部長です。男子バレー部に、バレーが抜群に上手な新入生のB君が入部してきました。A君は、次の大会でよい成績を得るにはB君の力がぜひ必要だと思いました。そこで、B君をレギュラーにしたいと考えて他の部員に相談したところ、部員たちに猛反対をうけました。B君は一年生ですが、このバレー部には「一年生はレギュラーにしない」という伝統があったからです。さて、あなたがA君の立場だったとしたら、あなたはB君をレギュラーにしますか。それともレギュラーにしませんか。どちらか一方の立場を選んで、あなたの選んだ立場がいいと主張する意見文を書きなさい。

課題3

一六世紀の西洋で描かれた女性の絵を見て、その美しさに見とれていた人がいた。その人に対して芥川龍之介が、「この絵の女性を、藤原鎌足や清少納言といった昔の日本人も同じように美しいというだろうか。クレオパトラやナポレオンといった時代や国が違う人々が、同じようにこの絵をすばらしいというだろうか」と言ったそうだ。右にあげた芥川龍之介の言葉は「美」について語ったものです。あなたは、この言葉から「美」について何を考えますか。

課題4

「豊かさ」について、あなたはどのように考えますか。次の条件にしたがって書きなさい。（条件は省略）

課題5

Aさんのお父さんはガンだと診断されました。余命三カ月でもう治る見込みはないと言います。Aさんの家族は、お父さんに病名を教えないことにしました。もう治ることのないガンだと教えて、お父さんが悩んだり落ち込んだりするのを見たくないからです。Aさんの家族の判断は、お父さんを思いやる心から出たものです。しかし、一方では、真実を知らせないのはよくないという立場の意見もあります。あなたがAさんの家族だった場合、お父さんに病名を教えますか、それとも隠しますか。どちらか一方の立場を選んで、あなたの選んだ立場がいいと主張する意見文を書きなさい。

（以上順不同。和田中・国語科の先生を中心に漢字検定協会のスタッフが協力して出題と添削をしている。○八年度末までに課題が五〇編まで蓄積したら、教材会社から「和田中の意見文指導ワークシート集〜ＰＩＳＡ型読解リテラシー向上のために」を出版予定。なお火曜日の漢字と作文指導の時間には、学年の全教員であたっている）

たとえば、課題１のテーマについては、あなただったらＡさんを断るだろうか。それとも、Ｂさんを断るか。

義理と人情に生きる方はＡさんを断ることになるだろう。自分の好みとこだわりに素直に生きているラテン系ならＢさんを断ることになるかもしれない。

私は任期中、すべての生徒の作文を見て、たまに朝礼でコメントしていたのだが、生徒たちの中に数名だけ面白い答えを書いたものがいた。

自分だったら三人で行くというのである。無料入場券は二枚だから、一枚分を払えばよい。それを割り勘にするというのだ。

他にも、Ａ君がどうしても加わりたいようならＡ君には払わせて行くと主張する者、あちこち誘ったのは自分にも非があるから自分の分を払って二人には無料券を使ってもらうという殊勝な提案をする者まで。

作文を書こう

年　組　番（　　）

課題

これまで学習した課題（裏面に記載：省略）の中から、ひとつを選び、その意見について、あなたの意見を書きなさい。もう一度書いてみたい課題を選び、以前選んだ賛成・反対とは異なる立場で書きなさい。また、過去のワークシートを見て、ヒントや作成例を参考にしてもかまいません。

ただし、次の条件を必ず守ること。

★条件1　文字数は一五〇〇字以上、二〇〇〇字以内とすること。

★条件2　文章はいくつかの段落に分けて書くこと。その際、段落の頭で改行し、書き出しを一字下げて書くこと。
第一段落………問題のテーマについて「賛成」か「反対」か、を書くこと。
第二段落以降…その理由や理由を支える事実や経験を書くこと。

★条件3　理由を述べる際、必ずどちらかを使って書くこと。
①なぜなら～だからです。たとえば～。
②理由は二つあります。一つは、～。もう一つは、～。（二点以上でも良い。）

☆あなたはこの作文の時間を通して、作文を書けるようになったと思いますか？（○をつける）

１・書けるようになった　２・ふつう　３・変わらない

☆感想

★条件１	表記
★条件２	文法
★条件３	

これらの答えは、むろん学校の「正解主義」に基づく試験では、点数をもらえない。なぜなら、問題文の中に「どちらか一方の立場を選んで」と明示しているからだ。しかし、きわめて現実的な、知恵のある「納得解」であることは、誰の目にも明らかだろう。

だから、私は、こういう生徒たちには「面白い！」とか「なるほど！」と書き入れたり、［よのなか］科や朝礼で褒めたりもした。

さて、このように、正解のない問題に対して、さまざまのものを「つなげて」まったく違う側面からアプローチし、状況を変えていくという［よのなか］科での練習問題は、じつは、成熟社会を生きる私たち大人が、日々直面している問題でもある。

この本をここまで読んで「リテラシー」についての理解が深まってきた人は、ただ単にこれまで私が述べてきたことを、杉並の公立中学校でおこなわれている実践の報告として読んでいるのではなく、自分がかかわっている仕事にどう応用できるかを考えながら読んでいることだろう。

環境が激変している現代において、［よのなか］科で養われるような力は、不可欠のものである。私はこの力を使って、「地域本部」を中心に、地域の諸資源と学校をつなげ、問題を解決していった。

ただし、「つなげる」発想を実現させるためには、じっさいに人を動かしていかなくては、単なるアイデアで終わってしまう。

どのようにしてあなたの「つなげる」発想を納得してもらい、人を動かしてものごとを実現するか、次章ではそのことに触れてみよう。

第5章のまとめ

学校の授業と世の中をつなげた“［よのなか］科”

学校の授業

世の中

テーマ

世の中のあらゆることが
対象になる

人

保護者、大学生、教育関係者
議員、教育委員会、小学校の
先生、塾の講師など

つなげる

［よのなか］科

大人と子どもが一緒に学ぶ

- 大人の存在が外部からの刺激になる。学習の動機づけが高まる
- 大人たちも喜んでやみつきになる

正解がない問題に取り組む

- 正解がないから教えられないのではなく、正解がないから教師も自分の経験から議論に加わればよい
- たった1つの正解ではなく、納得解を導く技術を鍛える

タブーをもうけない

- 学校ではタブーとされているような社会的なテーマもとりあげる

第6章

人を動かす

リーダーシップ（Leadership、指導力、統率力）。ビジネス用語だと勘違いしている人が多いと思うが、リーダーシップは人生のあらゆる局面で味方が多い人に共通の特性である。端的にいえば、人を動かすチカラのこと。

子どもを動機づけることのできない教員を「指導力不足教員」というが、目の前にいるのが子どもでなく、どんな大人でも、相手を動機づけられなければ、あなたの思いは実現せずに苛立ちが募るだけだろう。

リーダーシップのある人は、ビジネス界だけに必要なわけではない。

警察にも自衛隊にもいなければ困るし、市役所や病院にも必要だ。マンションの管理組合にも、PTAにもいなければ、さまざまな意思決定がたちどころに滞ってしまう。小学校の先生は三〇人、四〇人という生徒を従えて、漢字を覚えさせたり、九九の反復練習をさせる。本来子どもたちが嫌がる努力を強いなければならないのだから、教員全員にリーダーシップが求められるといっても過言ではない。

広告会社の営業マンは、広告キャンペーンを成功させるために、顧客である会社に計画どおり全国の営業所巡りをしてもらいたいと考えるだろう。しかも、新製品の特徴が十分に伝わるような説明をアルバイト、パートの末端にまで浸透するよう要望するはずだ。そうしなければ、顧客である会社と広告会社の共通の願いが実現されないからだ。

デパートで化粧品を実演販売する説明員も、お客様が「自分がイメージするよう動いてくれること」、つまり、使用法をよく理解して、自分の教えたとおりに使ってくれることを望む。そうでなければ、化粧が上手く乗らなかったり、お客様の肌に合わないというリスクがあるからだ。

いっぽう、市役所に年金の手続きに行く市民にとっては、市役所のスタッフがチェックを手際よくおこない、所定の手続きが終えられるよう願うだろう。

学校にクレームを言いに来た母親も、自分の子が巻き込まれていると感じるイジメ問題について、速やかに担任が対処してくれることを望むに違いない。

誰かが誰かに仕事上のお願いに行ったり、人生のさまざまな局面で助けてもらうようなとき、人はみな、他人が「自分がイメージするよう動いてくれること」を望んでいる。

こうして考えると、人間の行動は、誰か他人に働きかけ、相手を動かすコミュニケーション活動に満ちている。

しかし、それは、自分の思いを他人に語るだけで成し遂げられるものだろうか。「お願いします」と言うだけで、相手が税金から報酬を得ている公務員か、お金で雇っている業者なら、文句なしに「自分がイメージするよう動いてくれる」だろうか。

自分の一方的な願いを説明するだけで、願いは叶うものか。

現実がそうではないことを、すべての大人は知っている。子どもだって、自分中心に世界が回る幼児期を過ぎれば、そうはいかなくなることを知っている。

だから、私たちは、それがどんな小さなことであっても、他人がどうしたら「自分がイメージするよう動いてくれる」のかを学ばなければならない。

つまり、目の前のたった一人の相手を動かす「リーダーシップ」は、人生に必修の教科なのである。にもかかわらず、学校で体系的に教えることはない。だから多くの人が、学ばずに大人になってしまう。

強制することでは、けっして人は根っからは動かない。命じる側にどんな強力な権限、権力、腕力があったとしてもだ。

他人の動機づけエンジンにどうすれば火がつくのか。

この章では、五つのポイントを示してみたいと思う。

①目に見える成果（目に見える成果を早く、細かく、続けて見せていくこと）
②言葉遣い（言葉遣いを曖昧にしないで、具体的にすること）
③リズムとテンポ（天の時を待つのではなく、自ら機会をつくり出すこと）
④お金の裏付け（お金の話を御法度にしないで、きっちり流れを管理すること）
⑤それぞれの動機づけ（人は自分の動機づけが実現する場で動く）

この五つについて、一つ一つ解説する。

誰だって目に見える成果がほしい

それが効果的と謳われたダイエット法であれ、テニスであれ、速読であれ、計算練習であれ、自分自身が上達を意識できなければ、長くは続かないだろう。

だから、優秀なコーチは、選手が目に見えて上達していることを具体的に伝え続ける。たとえ長いスランプ状態に陥っていてもだ。嘘も方便なのである。

ある技術ができるようになったり、上手くなったりするタイミングは、人によってさまざまだ。ましてや、子どもたちは波打ちながら螺旋のようにウネウネとうねって成長してゆく。あるとき大人っぽく成長したと思ったら、次に退行（子ども返り）し、すねたり、ひねたり……けっして、竹のようにまっすぐ育つわけではない。

とくに、大勢のスタッフを巻き込んで立ち上げるプロジェクトの場合、かかわるすべての人間が実感できる成果の共有が、早め早めに必要だ。

「目に見える成果」である。


和田中の「ドテラ」では、どうだったろう。

まず、参加する生徒は当初二〇名程度。それがどんどんふえていった。二〇〇八年現在は一〇〇名以上が土曜日に通ってくる。学ボラも当初はたった一人から始めたのだが、教師になりたいから教職課程をとっている大学生にとって、こんないい機会はないとの口コミが広がり、どんどんふえてきた。〇八年三月には登録ベースで四〇名を超え、毎週二〇名近い学ボラの参加を得ている。

昼過ぎの反省会では、初めて参加した人でさえも、みんなで「ドテラ」をもっとよくしていこうとする意志が共有されていることを実感できる。

生徒の宿題の提出率が上がり、教員からも感謝される。じっさい、「ドテラ」の学ボラと協力して低学力の生徒のフォローを多面的にしようとする教員も現れた。

真面目に「ドテラ」をサポートしてくれた学生のうち何人かは、インターンとして、和田中の平日の通常クラスでもフォローに入ることを許された。こうなると、教育実習を年中やれるような大きなチャンスになる。じっさい、インターンを経て東京都の教員試験に受かったり私立の教員になったりする学生や非常勤講師やフリーターがふえてくる。

英語の授業を積み増して英検準2級や3級取得を狙う「英語アドベンチャーコース」では、学校外から雇われたプロが教えるから、サポーターに入れば、英語の教師を目指す学生にはとんでもなく上質な研修機会になる。部活との両立に悩んで、ときにサボりがちになった生徒たちも頑張った成果が出てきて、英検準2級のタイトルホルダーが倍々ゲームになった。生徒もうれしい。保護者もうれしい。もちろん、先生もうれしい。

こうして「目に見える成果」を共有し続けられる限り、「地域本部」の事務局スタッフも、保護者のサポーターも、学ボラも、参加する生徒も、外部講師も、みなお互いエネルギー交換をしながら動機づけられる。つながりながら、高め合っていることを確信できるからだ。

ところが、学校という世界では、しばしば「教育は、長期に生徒の全人格を形成するための行為であって、短期の成果が求められるようなものではない」などという、まことしやかな言説がまかり通る。

自分の成長実感のないものを続ける行為に、どうして子どもが耐えられるだろう。

反復が苦しい行為であればあるほど、短期的に「目に見える成果」の細かな積み上げが必要なのである。「百マス計算」はこのことを上手くとらえた手法だし、厳しい練習で強いチームづくりをする部活のコーチならば、残らず使っているノウハウだ。親が子どもに何かをやらせたいときにも、まったく同じ原則が当てはまる。

算数の不得意な子を集めて「ドテラ」の中に「らくだコース」を開いたときも、ニンテンドーDS「計算DSトレーニング」（IEインスティテュート社）を使って、個人別に細かく成果を出させ、動機づけエンジンが切れないようにした。

企業の新規事業では、リーダーに「目に見える成果」を出しながらプロジェクトを遂行する力量が問われる。とくに、立ち上げ時期が最も重要だ。

あなたが相手に何かをやってもらいたい日常的な「お願い」の場面でも、あなたに現れた「目に見える成果」を相手にフィードバックし続け、「あなたがやってくれているおかげで、私はこんなによくなっていますよ」という実感を与え続けることだ。

言葉遣いを具体的なものにする

教育の世界ではよく、評論家たちが曖昧で抽象的な理想論を口にする。

「先生たちはもっといい授業をするべきだ」

「子どもたちの目が輝くように、心豊かに育んでほしい」

「社会総がかりで教育の再生に取り組むべきだ」
何の実効的意味もない発言だと思う。

本当に何かを変えたいと思うなら、言葉遣いを具体的にしなければならない。でなければ、プロジェクトにかかわる人々が、今から何をやっていいかわからなくなるからだ。

「先生たちはもっといい授業をするべきだ」という代わりに、「どのタイプの先生」が「どんな授業」をやるべきなのかを具体的に述べるべきだろう。

もはや、「先生たち」と総称できる集団はいない。細かく分けて、それができそうな小集団を狙うべきだろう。具体的には、どのような授業を「いい授業」と呼ぶのかについても細かい説明が必要だ。

私だったら「[よのなか]科的な授業をネットワーク感覚のある教員にドシドシ実践してもらいたい」と言い換えるだろう。

「[よのなか]科的」とは、前述したように、①正解が一つではないテーマを子どもたちの身近なものから選んで、②ロールプレイゲームのように主体的に考え、ディベートしながら、③大人と子どもが一緒に学んでいくタイプの授業だ。ネットワーク感覚のある教員とは、自分がやる授業をより魅力的にして子どもたちを動機づけるためには、外部の人材や資源を教材として教室に招くことを厭《いと》わない教員である。

「子どもたちの目が輝くように、心豊かに育んでほしい」という代わりに、どういうときに「子どもの目が輝く」のかを具体的に述べるべきだ。さらに、「心豊かに」というのは具体的にどんな状態をいうのか、細かく表現する必要がある。

私だったら、「給食がおいしくて、子どもたちがお替わりをいっぱいするように。体育の時間にはさっと着替えて我先に出て行くように。読書するだけでなく、その感想をあらゆる機会に述べ合うように。そして、ときには、中庭で予期せぬイベントが起きるような……、コンサートだったり、子犬が来たり。そんなふうに、活きのいい状態がいいですね。子どもたちは生ものですからね」と表現するだろう。

そしてじっさい、和田中では「給食と修学旅行の農業体験を中心とした食育」で文部科学大臣賞を受賞。さらに「朝読書を朝読書で終わらせない、作文の時間と子どもたち全員による書評集の出版」でまたまた文部科学大臣賞をダブル受賞した。

「社会総がかりで教育の再生に取り組むべきだ」——これもよくわからない。

この場合には、「社会」という言葉をブレークダウン（細分化）して、具体的に、誰と誰なら学校に協力することが可能なのかを洗い出す必要がある。

和田中の場合には、それは「ＰＴＡのＯＧ・ＯＢ」や「［よのなか］科に一度でも参加した近隣の教育関係者」や「教師になりたい大学生」や「会社を辞めた団塊世代の国際派ビジネスマン」や「塾の講師」や「大学の先生」や「本好きなオバちゃん」や「ガーデニングが趣味のオジイちゃん」だった。

それぞれの求めるものや興味、持てる知恵や技術を「志」という糸で紡いでいったら、「ドテラ」や「英語アドベンチャーコース」や「夜スペ」が誕生した。

親は子に言う。「もっと頑張らないとダメじゃない」

それでは、子どもは「ガンバル」という言葉の具体的な意味がわからない。

今学期の通知表を見てそれを言っているのなら、具体的には、どの教科の成績を上げよと言うのか。その代わり、どの教科はそんなに力を入れなくてもいいのか。

全部力を入れて、全部頑張れでは病気になってしまう。

だから、どこに集中すべきなのかを明確に指示する必要があるのだ。

リーダーは、言葉遣いが具体的でなければならない。

「えー、この売り上げが厳しいおり、みなさんの一層の奮起を期待するわけでして、もうひとがんばりしていただきたい」などと惚《とぼ》けたことを言っていては何も変わらないのである。

「売り上げ」がいくらショートしている（足りない）のか。それを誰がどれだけ分担して結果を出すために責任をもつのか。「奮起」の内容を詰め、「もうひとがんばり」を具体的な行動レベルに落として指示する必要がある。

こんなふうになる。

「売り上げがあと三〇〇〇万円足りないので、1、2、3課とも、新規顧客から五〇〇万円、現S（既存の顧客）から五〇〇万円をあと一週間で売り上げてください。新規アタックリストはここに用意してあります。なお、新人で電話アポイントのとり方がわからない人には、今週一週間は帰社してから研修をおこないます。現Sからの追加受注の可能性は、A、B、Cのランクに分けて可能性を今日中に洗い出し、Aランク（最も受注可能性のある）のお客様には、私自身が同行しますので、明日以降の予定を課長の判断で埋めちゃってけっこうです。私は、本件を最優先で動きます。会社の内部の会議は社長が出席するものも含めて、すべてキャンセルしました」

私の長年の観察では、ビジネス・リーダーには「たとえ話」が上手い人が多い。抽象的なコンセプトを、具体的なお話で語る技術だ。

「スポーティーさや力強さを失わず、しかも紳士が乗る品格のあるクルマ」というコンセプトを「気位高い百獣の王ライオンがタキシードを着てセレブなパーティーに駆けつけるときに乗るクルマ」としてテレビコマーシャルをつくったメーカーがある。このクルマはよく売れた、と思う。デザインがこの物語に見事に一致していたからだ。

校長数百名が集まった研修会の講師をして面白かったことがある。

私が「自分が小中学校時代に聞いた昔の校長先生の朝礼や入学式、始業式、卒業式の訓示の中で、ひと言でもはっきり憶えていることのある方、手を上げてください」と問いかけると、なんと数人しか手が挙がらなかったのだ。

朝礼でも入学式でも、抽象的なことを述べるのが無意味だとは言わない。しかし、もし相手の頭に何かを残し、のちの具体的な行動に結びつけたいなら、抽象的な美徳を具体的な事例で語る「物語」的な手法を身につけるべきだろう。

自分の知っているヒトやモノやコトにつながれば、子どもでも、その美徳について腑に落ちるはずだからだ。

あなたが動いてほしい目の前の相手にも、同じ原理が当てはまる。

「ほら、あのヒト、知ってるでしょ。あんなふうになるといいよね」という話法だ。

「誰もまだ試していないモノみたいだけど、チャレンジしてみる？」

「こういうコトをこんなふうにやっているらしいんだけど、あなたも、やってみる？」

リズムとテンポをよくする

リーダーシップ論でも意外と語られないのが、時間マネジメントの話だ。

ようは、リズムとテンポをよくしましょうということ。

リクルートには、こんなカルチャーがあった。

「よいことを会議にかける必要はない。やってみてから報告せよ」

「なんで、来年にはとか三年後には、と言い訳して着手しないの？」

「今、このときにお客さんのため、読者のために何ができるのかを考えよ」……

読者には、昔の諺「時は金なり」と同じように聴こえるかもしれない。

しかし、本質はちょっと違う。

いくら事前に計画しても、予測できないことが多くなってきた。多様で、複雑で、変化の激しい成熟社会が始まったからだ。去年と今年では顧客のニーズが違うし、来年の変化がその延長線上にあるとは限らない。ネットが絡むサービスでは、刻々と使える技術が新たになり、サービスしながらどんどん取り込んでいかないと、ユーザーは満足しない。

じっくり計画して案を練っても、実現までに三年かかってしまったら、始めたときには時代が変わってしまう。ズレたサービスになってしまうのだ。

文科省が審議会を組織して万全の態勢で臨んだ新指導要領の「ゆとり教育」路線が、実現までに数年経ってしまっただけで、どんな評価を受けたかを見れば、誰の目にも明らかだろう。

「ゆとり教育」は、当時、ほとんどの国民が望み、マスコミが支持し、有識者や評論家も文句なかった路線だった。しかも、素晴らしい政策だと評価され、この路線をまっすぐに突き進んだフィンランドが、逆に、ＰＩＳＡ型学力で世界一になっている事実もある。

最初に「正解」が用意できる時代は終わった。

方向が見定められたらまず始めてみて、関係者のニーズや技術の変化を取り入れながら、無限に「修正」していくのが正しいアプローチなのである。

「修正主義」の時代。修正しながら、自分自身とかかわる他人（関係者）がともに納得できる解を探し続けること。「正解」ではなく「納得解」の時代ともいえる。

だから、リズムとテンポが大事になる。

スピーディーに修正をかけながら、間違ったなと思ったらすぐに引っ込める。こっちかなという方向に小さく打ち出して、当たりがあれば、さらに掘り進む。

こういう時代には、「天の時」が来るのをひたすら待っていては、チャンスはつかめない。進みながらよく観察して、機会を逃さない観察眼が必要なのだ。

だから、小さなアプローチをリズムとテンポよくしている人には、自ら機会を創り出すチャンスがたくさん訪れることになる。

和田中でも、「地域本部」を学校の中につくり出すという発想は、けっして「正解主義」からは生まれなかった。

その第一歩である「土曜寺子屋（ドテラ）」もそうだ。

「ドテラ」をまずやってみる。生徒が集まるかどうか、マーケティング調査をしてもわからない。中学生の場合はとくにアンケートの答えとじっさいの行動が往々にして異なるからだ。年間五〇〇〇円という負担（土曜日に三コマ×年間三〇回開かれるから、一コマ約五〇円）がじっさいのところ保護者にとってどうなのか、学ボラが安定的に確保できるのか、想定しているように宿題の提出率は上がるだろうか、ましてや学力全体の底上げに本当に寄与するのかどうか……。すべて、やってみなければわからなかったのである。

だから、職員会議などで多数決をとったら、こんな意見の数々に潰されていただろう。

「宿題をやってこないような子が、土曜日に来るわけないじゃないですか。休みの日はのんびりゲームしたり、テレビを見ていたい子が多いんだから」

「土曜日の教室でイタズラや事故があったら、どう対処するんですか。先生たちがいない場合のほうが多いでしょうからね」

「大学生に教えられるんですか？　素人だから、通常の授業と違うやり方で教えるかもしれない。そうすると、生徒は混乱しませんかね」

「それに、今日はバイトが入ったとか言って、急に休まれたらどうするんですか？」

「五〇〇〇円でも、一〇〇〇円でも払わない親がいたら、生徒はどうするんですか。来るのを断ることになるんでしょうか」

「仲良し同士でつるんじゃって、結局、勉強より、おしゃべり優先になっちゃうんじゃないかしら」

未来を拓こうとする企画を潰すのは簡単だ。こんなふうに、不確かなことをいちいち挙げつらって、そこを突き、不安やリスクを並べたてればそれでよい。

だから、起案者側は、こうした「あら探しの罠」にはまってはならない。

話法としてはこうだ。

「土日で生活習慣がすっかり乱れてしまう生徒、勉強が足りない生徒、自分一人では宿題だってすぐわからなくなっちゃう生徒にとっては、有効なはず。とにかく、一人でもやりたいという生徒がいれば、一人の学生ボランティアからでも募集を始めてみようと思います。それとも、宿題の提出率向上にもっと有効な手があればぜひ〝代案〟を出してください。来週の会議までに代案が出なければ、原案でスタートしてみて、どんどん修正していきましょう！」

ありもしない「正解」を探して一〇〇回会議を重ねるより、始めたあとに一〇〇回修正を加え、リズムとテンポよく「進化」させていったほうがはるかに有効なのだ。

何より、子どもたちの未来は待ってくれない。

情報を共有する

大きなプロジェクトを進めるときにはよく「情報の共有」が必須だと言われる。私もそう思うし、リクルートという会社はこれには膨大な投資をしていた。

なぜか？

それは、現場からのフィードバックと、それにともなう修正のリズムとテンポを上げるためである。

たった一人の企画者が細部を綿密に決め込んでスタートしたとしても、成熟社会ではその後の事業の継続はままならない。じっさいの顧客の反応がフィードバックされ、すべてのプロセスで無限に修正されなければ、いい商品・サービスに育つわけがないからだ。

これをやるのは「たった一人の企画者」ではない。「外部コンサルタント」や「委託業者」だけでもない。派遣や契約社員やアルバイト、パートにいたるまで、この商品・サービスにかかわるすべての関係者が担う必要があるのだ。

だから、同時多発的な「修正」を可能にする「情報の共有」がなにより大事になる。

新幹線がどんどん速くなり格好よくなったのも、ケータイがどんどん安くなり高機能になったのも、製造から販売、サービスに至るまでのすべてのプロセスで日々カイゼンが起こったからだ。

学校も同じである。私は和田中に赴任した年の入学式でこう語った。

「ここに生徒とその保護者、地域の人々と先生方が合わせて三百数十人いますね。もし、一人が一年に一カ所でいいから、この学校をよくしてくれたら、三年間で約一〇〇〇カ所よくなります。君たちが持っているもの、たとえば時計でもケータイでもシャーペンでも、一〇〇〇カ所カイゼンされてよくならないものなんてあるでしょうか？」

もし、これが毎日のリズムとテンポになれば、つまり、一人一日一カ所を修正していけるとすれば、それは何を意味するか。一人が一年間で三〇〇カ所以上修正することになるから、三年間なら約一〇〇〇カ所。関係者が三〇〇人いれば三〇万カ所が修正され、カイゼンされていくことになる。

和田中では、現にこれが起こっている。

だから、「地域本部」側でおこなう「ドテラ」も「英語アドベンチャーコース」も「図書室」も「中庭」も、学校の職員室側でおこなう「朝読書」も「作文の時間」も「英語の少人数授業」も「数学のＴＴ（チーム・ティーチング）」も、初めのころとは様相を異にするほど進化した。かかわる人間が、当事者意識で無限に修正していっているからだ。みなが情報を共有しているところには、人と人とがつながって、同時多発的に進化が起こる。

お金の話を御法度にしない

企業のプロジェクトマネジメントの際には、予算や決算がないわけはない。

ところが、ノンプロフィット組織や市役所、あるいは学校現場などのなかには、いまでも「いくらかかっているか」という意識がまるでないところがある。「お金」の話がタブーになってしまうような雰囲気で仕事をしている人たちだ。これは明らかに問題だ。

NPOや財団やボランティア組織と呼ばれているところでも、人様のお金で仕事をしているところはみな経済主体である。税金を使っている公務員もだ。

公立校も例外ではない。

三〇〇人くらいの子どもが通っている学校なら、およそ三億円の経費がかかっているのが普通だ。「公立はタダだ」というはなはだしい勘違いをされている方もおられるようだが、子ども一人に約一〇〇万円の教育費がかかっている。およそ七割から八割が校長を含む教員の人件費だ。

公立中の授業は年間に約一〇〇〇コマあるから、一〇〇万円を一〇〇〇で割れば、生徒一人当たり一コマが一〇〇〇円という勘定になる。ちょうど、中学生の映画館の入場料と一緒だ。だから私は校長在任中、常々「あなたが今やった授業は、生徒一人から一〇〇〇円の授業料をとるのにふさわしい授業でしたか？」と教員に尋ねてきた。

和田中の前期（二〇〇七年七月調査実施）の生徒による授業評価は、だから二〇〇〇点満点にしている。本当は二〇〇〇円としたかったが、ちょっと品がないので止めておいた。

生徒にも、授業にはお金がかかっているということを朝礼で話したうえで、「先生方がたとえ一〇〇〇円の価値の授業を提供していても、君たちが居眠りしていて主体的に授業に参加しなければ、価値は一〇〇円とかに下がっちゃうだろうし、予習や復習をして前向きに身につけようとすれば、価値は二倍の二〇〇〇円にもなる。つまり、教える側の先生の出す価値と、それを受け止め、学ぶ側の君たちの態度の〝かけ算〟で価値は決まるよ」と話した。

「夜スペ」事件のおり、「収益会社と組むなんて」という的外れの批判が多かったことは第2章で触れた。

公立校で使っている教科書はみな収益会社である出版社から発売され、利益も出していることを知っているのだろうか。むろん、コンピュータ室のパソコンも、職員室のコピー機も、体育の先生が履いているシューズもみんな収益会社の商品だ。

学校の授業でも、こうした、当たり前の経済感覚をもっと教える必要があるだろう。そうでないと、学校現場のコスト意識のなさが、そのまま子どもたちに伝染してしまう。

和田中では、［よのなか］科のカリキュラムの中で「政治」を考えるとき、いつも「エアコン導入問題」を議論することにしていた。

お母さんたちの中にも「夏が暑すぎる。全館エアコン設置が必須だろう」という要望を抱いている人は少なくない。たしかに、日本の夏は（とくに東京は、そのエアコンの影響もあって）熱帯化している。しかし、前にも触れたように、教育問題を単に「居心地論」で押し切ってしまってよいのかには疑問が残る。

教室で勉強する立場の子どもたちにとって、夏、涼しいに越したことはない。でも、その設備にいったいいくらの投資がかかるのかにも、ちょっとだけ思いを馳せてみる必要があるだろう。またとない教材になる。

全館にエアコンを設置すれば一校につき数千万円から一億円を超える投資が必要になる。かりに五〇〇〇万円かかるとしたら、どうだろう。

もし、この予算を確保することができたとして、一校に五〇〇〇万円の予算がついた。さて、あなたが校長なら、この予算を本当にエアコンだけに投じたいか、それとも、他の使い道が考えつかないか、という問題だ。

五〇〇〇万円あれば、ランチルームがつくれちゃいそうだし、図書室とコンピュータルームをつなげて「メディアセンター」に改造することもできそうだ。校庭を芝生化したうえに、さらに夜間照明をつけることもできる。じっさい、［よのなか］科では、生徒たちが大人と一緒にアイデアをブレストして班の代表者がその案をプレゼンする。和田中では、プレゼンの相手は区長だった。

一校に五〇〇〇万円ということは、区全体で六七校あるとすれば、三〇億円を超える投資になる。それなら、特別養護老人ホームを三棟建てるほうが優先順位が高くはないか。そのほうが、入居待ちをしているお年寄りを救うことになるんじゃないか、と思考を深めていく。

こうして生徒たちは、政治と行政にはいつも、このようなトレード・オフの関係（あっちを立てれば、こっちが立たないというようなバランス）があり、全体の利益を考えることが大事だと学ぶことになる。教育だけでなく、福祉や医療との総合的なバランスで判断する態度だ。

この授業の様子を詳しく知りたい人は、［よのなか］科マスターティーチャー養成用研修ビデオ２―４「政治と行政のしごとを考える」(http://www.yononaka-net.com/mypage/model/movie.php?file=y11&no=11) をご覧いただきたい。


また、ボランティアにも無償ボランティアと有償ボランティアがあって、有償ボランティアを大量に動員する和田中「地域本部」などの例では、きっちりした予算管理が欠かせない。一〇〇〇円、二〇〇〇円という交通費程度の報酬だが、多様な仕事に対して、細かく、しかもたくさんのボランティアに支払うので、確実な会計事務が必須だ。ここは、仕事のできる人に任せないとややこしい。

和田中ＰＴＡは「地域本部」と統合する計画があるが、ＰＴＡがやっていた無償ボランティアの仕事と、「地域本部」がやっている有償ボランティアの仕事を整理する必要が出てくるだろう。主に、学校行事にかかわるお手伝いは無償ボランティアで、「地域本部」の補助的な学習サポート事業は有償ボランティアで、私費と公費を合わせながら運用していくわけだ。

プロジェクトにかかわる構成員のすべてにコスト意識が芽生えれば、それがボランティア組織であったとしても、仕事がきびきびし、余計な会議が減る。

そして、お金が有効に使われていることは、さまざまな要素を効率的に結びつけるのに欠かせない。志の高さや人情とは別の問題なのだ。

情報ネットワークが神経系であれば、お金の流れは血流ともいえよう。

人はなぜ動くのか

この章の最後に、いよいよ問題の核心に入る。

「人はなぜ動くのか」——リーダーシップの核心である。

あなたが、目の前にいるたった一人の他人に何かを頼む場合でも、大きな組織を動かすときと同じ原則が当てはまる。親が子に何かを命じるときや、先生が生徒に勉強させようとするときも同じだ。

組織の上下関係には「権力」的な支配関係がある。だから、上司が部下に何かを命じれば、部下はまず動き始めるだろう。

この組織的な権力構造を支えているのは、多くの場合、人間力やコミュニケーション技術といったものではなく、上司が握っている「人事権」と「予算権」による。

つまり、「君たちはもっと偉くなりたいんだろう？　それに、この仕事を成し遂げて給料上がるとうれしいだろう？」と暗示することで従わせるのだ。遠慮なくいえば、「昇進」と「昇給」で釣って仕事をさせるわけである。

また、親子関係では、子どもが経済的に自立できるまでは、ある意味での支配関係が続く。「お前、自分一人で喰っていけるの？」というカードを親が持っているから、ある程度の強制力を発揮できる。親子というロールプレイ（役割劇）を子どもが小さいころから長年続けているから、多くの家庭で、親のいうことを聞くのが子どもに習慣化していることもある。

しかし、血縁があるとはいえ、親子も所詮別人格。心情的なことを除けば、他人のうちだ。だから、昨今目立ってきたように、この支配関係で積もりに積もったストレスを親殺しに向ける子も現れる。ストレスという言葉では軽いかもしれない。怨念だって抱く。

もちろん、心理的な「親殺し」は誰でも経験することだろう。父の命じるような口の利き方に無性に腹が立ったり、母の優しいおせっかいがなぜか急に疎ましく感じられたり。それが反抗期のまともな姿だし、たいていの子どもは、そうした健全な反抗心を乗り越えて大人になっていく。しかし、過度の支配関係や権力的な横暴がしばしば一揆や暴動やクーデターを引き起こすように、親子関係でも、その怨念を爆発させる子が出てくる。上司と部下の関係も同じだ。

言葉としては、これが「切れる」とか「切れた」と表現される状態だ。

本来は、これとはまったく逆に、会社でも家族でも「つながり」に対する納得感が必要なのである。

自分の上司はどうしてこの人なのか。なぜ、この上司は、自分にこれを命じるのか。どうして、いま、この仕事が大事なのか。なぜ、すぐにやってほしいと要望するのか。それほど優先順位が高いのか。その仕事の達成を私に期待してきた特別な理由があるかどうか。

自分は、どうした経緯で生まれてきたか。両親は自分の誕生をどう喜んだのか。自分の名前はどんな由来でついたのか。そしていま、なぜ、父はこういう要望を自分にするのか。母はいったい何を心配しているのか。自分がこの世の中に存在し、生きている意味はあるのか。

みな、納得したいと思って生きている。

「つながりたい」という強い願望を抱えて生きている。

あなたの目の前の他人も同じことだ。

「人は、あなたとつながりたいと思うときに動き、そう思わないときには本気では動かない」のである。

会社の上司は部下に「人事権」と「予算権」にものを言わせて動かすことはできる。親は子に、親権にものを言わせて、あるいは威圧や暴力で従わせることもできる。

しかし、自分の動機づけで動くようにしたいなら、「つながりたい」と思わせなければ不可能だ。「つながり」に対する納得感が必要なのである。

　ではここで、もっとも難易度が高いと思われるケースについて、他人を動かす方法を述べてみよう。部下ではないから「人事権」や「予算権」の脅迫では動かない。親子ではないから、初めからあなたの言うことに従う必要はない。偉くなりたいわけでも、お金をたくさん稼ぎたいわけでもない「ボランティア」を組織化するケースだ。

「地域本部」の組織化がまさにこれに当たる。


　和田中「地域本部」の場合には、有償ボランティアとはいえ、一日中働いても、交通費程度の一〇〇〇円や二〇〇〇円しか支払われない。

　ちなみに、すべての仕事を統括する「地域本部」事務局長は、土日を含め、年間に一〇〇日以上学校に出てきてくださっている。それでも、年間に払えている報酬は二〇〇〇円×日数を超えない。

　同じ年回りの教員が、年二〇〇日程度のフルタイムの仕事で八〇〇万円以上の年収を得ることに鑑みると、時間当たりの報酬が格段に安いことがわかる。また、同じ時間にスーパーでパートをやれば、倍以上の稼ぎはあるだろう。

　わずかであっても「お金」の裏づけがあることは大事だとは言ったが、「地域本部」の有償ボランティアたちが「お金」で動いていないことは明らかだ。

では、なぜ動くのか？

まず、大学生ボランティアは、なぜ「ドテラ」での中学生のサポートを続けているのだろうか？

それは、まず、教師を目指す大学生にとって、これ以上、生の中学生と触れ合って修業になる場がないからだ。「中学生とのつながり」に納得感があるのである。

また、教育関係のＮＰＯや会社への就職を目指す大学生にとっても、同じ意味で、子どもたちとの「つながり」がうれしい。

さらに、和田中の「ドテラ」に来ると、他の大学からも教員になりたい人々が集っているので、学ボラ同士の間で「つながり」が生まれ、お互いに学び合うコミュニティが成立している。情報交換にはもってこいだ。

教育改革にかかわりたいという「志」のベクトルについては、初めから同じほうを向いているから、気も合う。だから、一緒に学ボラをしたことをきっかけに、男女が仲良くなったりするケースも多々ある。教員になってからのつながりも、教職課程をとった大学の同期との関係より強いようだ。共有している体験がより鮮烈だからだろう。

教員になりたいという本気度が高く、子どもたちとの関係をとれるコミュニケーション力と若干の授業上の技術があれば、平日の授業に「インターン」として受け入れることも可能だ。

これは、年間を通して教育実習を受けるようなものだから、機会としては最も貴重。

夏休みには「ドテラ・サマースペシャル（略称サマスペ）」も開かれて、教員を目指す学ボラには、自分が企画した授業を、自分でドテラの生徒のなかからお客さんを集めて実施するチャンスが訪れる。

このように、学生にあらゆる修業機会を提供することで、教師を目指す学生たちの学習コミュニティとして、みなを「つなげて」いっているのである。

つながったことで、学生たちは動いた。

では、大学の先生や私塾の塾頭がなぜ「英語アドベンチャーコース」にチカラを貸すのか？わずかな報酬で、なぜ、土曜日の午前中、生徒の補習に来てくれるのか？

中学生とともに、生きた現場でノウハウの開発をしたいからだ。「中学生とともに」、しかも「学校で」、という「つながり」がミソである。

現場での「研究開発」でつながることができるのは、大学のような研究機関だけではない。企業の社会的責任論が一世を風靡しているから、本格的なPR活動やフィランソロフィーのために、子どもや先生たちへの教育プログラムを開発しようとする会社も多数現れている。

私塾だって教材開発のニーズがあるし、教育用ソフトや教材出版社にも開発ニーズがある。「つながれ」ば、開発費が投じられる。

ＰＴＡのＯＧやＯＢ、団塊世代の引退したビジネスマン、シニアたちは、なぜ「地域本部」のために働いてくれるのだろうか？

もちろん、教育をなんとかしたいという意志はある。いや、なんとかしなければ不味いだろうという危機感かもしれない。しかし、そうした「べき論」だけで、ことが続くわけはない。

まず、暇つぶしとしては最高に意義ある場だ、という考え方がある。

「志」のベクトルが一緒だから、お互い敬意を払えるし、気持ちいい。構成員同士に「ナナメの関係」が幾層もできるほど多世代が混在していて、コミュニケーションの質も高い。シニアたちにとってみれば、中学生との触れ合いも新鮮だが、同じ目的を共有して大学生とともに働くことは滅多にない機会だ。かえってエネルギーをもらえるようだとの感想が多い。

また、自らの人生を変化させたかったり、自分自身が成長する機会だととらえている方々も多数いるようだ。

［よのなか］科に一度でも来ると、その後、和田中のコミュニティに来るのが病みつきになる人が多い。それは、中学生と「赤ちゃんポスト問題」や「クローン問題」、「少年事件のケース」や「自殺抑止ロールプレイ」などをともに学ぶことが、面白くて、気持ちがいいからである。

遠慮なくいわせてもらえば、中学生との「つながり」が、人生に潤いを与えるのである。

人はこのように、つながりたくて生きている。

だから、つながれば動くし、切れれば動かなくなる。

地域の人材を登録してデータベースをつくれば「地域本部」ができると思ったり、いつもの世話好きのオバちゃんや、ただでさえ忙しいPTA会長に頼めば、人々が学校のために動き始めると思うのは、大いなる誤解だ。

つなげる役割が正常に機能して初めて、お互いのエネルギー交換が誘発され、コミュニティにおけるコミュニケーションの質が渦巻くように高まっていく。

子どもたちに必要なのは、この、質の高いコミュニケーションの渦なのである。

もう一度、リーダーシップの原則を記す。あなたが、他人を「権力」や「お金」の力を使わずに動かしたいときの原則だ。

「人は、あなたとつながりたいと思うときに動き、そう思わないときには本気では動かない」

もう気づいた読者がいると思う。

ということは、リーダーシップの本質は、やはり「情報編集力」なのである。

いかに、人と人をつなげるか。自分の目の前の相手が何につながりたいか、即座にイメージできるかどうか。どこで、いかに、何と何を、つなげるか。
それがわかったとき、ひとは動く。

第６章のまとめ

リーダーシップの五か条

リーダーシップ

自分のイメージどおりに
相手を動かす
＝
（人生のあらゆる局面で必要なチカラ）

1 目に見える成果

- 関係者全員が実感できる成果を共有する
- 早め早めに成果をあげる
- 細かく、続けざまに成果を見せる

2 具体的な言葉遣い

- 曖昧な抽象論では人は動かない
- 数字をあげ、具体的な行動レベルまで落とし込んで話す

3 リズムとテンポ

- 成熟社会では事前の計画通りに事が運ばない
- 修正主義の時代
- 走りながら考えるのが基本

4 お金の裏づけ

- お金の話をタブーにしない
- 当たり前の経済感覚を身につける

5 それぞれの動機づけ

- 人はつながりたくて生きている
- 人はあなたとつながりたいと思うときに動き、そう思わないときには本気で動かない

第7章 偶然をつなげる

二〇〇七年から〇八年にかけて、私の身の回りで起こったいくつかのことは、最初は別々の事象だった。ところが、それが、ある時点から、ジグソーパズルのピースがだんだん揃っていくように「像」を結び、「絵柄」が観えてくる。

そんなストーリーを紹介しよう。

誰の身にも起こる別々のものごと

【1の①】 壊れかけた鞄

昔パリで買って何年も愛用していた鞄が壊れてきた。スケジュール帳や本や携帯傘を入れて、毎日持ち歩いているもの。持ち手のところが割れてきてしまったのだ。これは、買い替えなければいけないかなあ、と考えていた。焦げ茶に近い色味の革製品だ。

【1の②】馬具メーカー、ソメスとの出会い

飛行機のなかで見る機内誌に、北海道の馬具メーカー「ソメス・サドル（以下ソメス）」の革製品が載っていた。今度鞄を買うなら、日本のメーカーもいいなあとなんとなく思った。

【1の③】ソメスの所在地、北海道へ

ちょうど帯広での講演出張が入ったので、先方の担当者に「ソメス」の鞄を見に本社か工場に行きたいんだけど、近い？　とメールで問い合わせてみた。つくっている現場を一度見てみたいし、工場直販なら安くなるのではないかなどというスケベ根性もちょっとはあった。するとすぐ返事があって、「ソメス」の工場に行くのは遠くて無理だが、帯広市内のデパートにお店が入っているから、講演の前に寄ることは可能だとのこと。品揃えに不安はあったが、とにかく一度、現物を見てみることにした。

【1の④】ソメスの鞄を手に入れる

講演当日、帯広のデパートの「ソメス」売り場に行くと、ちょうどいい大きさのビジネス用鞄があった。私が前と同じ焦げ茶の鞄を手に取って「これでいいかな」と買おうとすると、い

つの間にか奥から「ソメス」社の店員（というより営業マン）が出てきて、「こっちのほうがもっとお奨めできるんですけど」と呟く。

色味が明るい茶で、私があまり気に入っていないことを感じ取ると、彼は「ちょっとこちらのポスターをご覧いただいてもよろしいですか」と、同社の「パッサージュ」という商品名のこの鞄が大写しになったポスターの前に私を導く。

「使い込んでいただくと、こんなふうに黒ずんで、だんだん風格が出てくるんですよねえ。最高の皮を使ってますから。中も柔らかい革張りで、手触りもいいでしょ」

ポスター用の写真を写しに来たカメラマンが、新品より、営業マンが外回りでずっと使っていたほうが映りがいいとポスターに使ったそうだ。

キリッとした細身のデザインで、薄茶と金のコーディネートも上品に思えてきた。価格は、焦げ茶のものより倍もする。

しかし、私は「将来の風格」を買った。売れた鞄を袋に包みながら、営業マンが再び呟く。

「ああ、やっと嫁に出す先が決まって、本当によかったです」

【1の⑤】東京・青山のソメスのショップへ

この鞄は下部に金属の足を使っていないので、外出時に頻繁に地面に置いたりすると四隅の皮が痛むことが予想された。だから私は、帰京してから早速、東京・青山にある「ソメス」のショップにも寄ってみることにした。いざとなったら、修理を含め、メンテナンスしてもらうためだ。そこで初めて、この「パッサージュ」という商品が「エルメス」と同じフランス製の子羊の皮を使っていること、ホームページからネットで注文すると、受注生産なので四〇日後のお届けになることを知った。

店をひととおりぶらぶらして、結局、ベルトも一本買ってしまった。裏地の皮が「パッサージュ」同様、非常に滑らかで、触って心地よかったからだ。

鞄が時計と結びつく

【２の①】ソメス製のベルトをつけた腕時計を発見

しばらくして「週刊ダイヤモンド」のビジネス掲示板に懸賞アイテムとして載っていた腕時計が目に留った。時計企画室コスタンテが製造販売する「SPQR MASTERPIECE×SOMES（白文字盤・ナチュラル）」という製品だ。時計の文字盤がスッキリ、キリッとしていたことに加えて、ベルトが例の「ソメス」製だったことが目を引いた。

私自身はそれほど時計に興味があったわけではないのだが、ちょうど長年はめていた腕時計の日付が動かなくなってしまっていたので、もう一つ買っておいてもいいかなと考えていたところだった。

【2の②】四〇年近く使い続けた時計

当時していた腕時計は、中学生のとき、親に買ってもらった「セイコー・ロードマチック」。たしか、渋谷の東急（昔の東横百貨店）で一万五〇〇〇円くらいだったと記憶している。入学祝に買ってもらったものを学校ですぐになくしてしまい意気消沈していたら、もう一度だけと、母が（たぶん祖母に話して）買ってくれたものだ。

どういうわけか、この時計は何度か置き忘れたりしたものの、いつも戻ってくる。だから、四〇年近く使い続けた。その間、動かなくなったりしたこともあったが、そのたびに直してもらって生きながらえたのだ。修理のたびに五〇〇〇円とか一万円かかったから、数万円の出費にはなっている。

【2の③】コスタンテの腕時計を購入

結局、私は和田中での五年の任期を勤め上げた自分へのご褒美として、「週刊ダイヤモンド」に載っていた腕時計を時計企画室コスタンテのホームページから購入することにした。

ウェブサイトを詳しく見てみると、この会社は非常にユニークだとわかった。

社長はセイコー出身で、ミラノやロンドンに仲間がいて、時計を技術とデザインの組み合わせとして考えている。経歴はこうだ。諏訪精工舎入社、SIOS社ジェノバ駐在、TEMPITALIA

社ミラノ駐在、St. Ambrogio d'oro受賞（ミラノ名誉市民賞・ゴールド）、SEIKO TIME（HK）香港駐在、セイコーエプソンW企画・営業、（有）コスタンテ設立。

根っからの時計師で、時計を「編集」する会社なのだ。デザイン基調がベーシックで品がよく、ホンモノ志向が見て取れる。今流行りのクロノグラフ系のゴテゴテしたものではなく、価格帯の安いものでも品格がある。

会ってみたいと思った。だから、時計を発注後、会社に電話した。


【2の④】コスタンテ・清水社長と電話で意気投合

〇八年二月初旬に、わが家では、子犬を連れて長野県川上村に（犬の）里帰りをする計画があった。家で飼っている二歳の犬が川上犬のメスで、正月に子犬を出産したため、二匹を川上村の森林組合にお返しに行くためだ。

川上犬は天然記念物で、勝手に売買したり差し上げちゃったりはできない。厳格に血統を管理し、純粋種に近い犬をなんとか増やそうと努力している。戦後、絶滅の危機を乗り越えて、現・藤原忠彦村長の努力で二〇〇～三〇〇頭までふえてきた。犬もいったん減ると、少子化の影響（もともと多産系なのだが、種が減ると、あまりたくさん生まれなくなる）が出て、ふやすのになかなか苦労しておられるようだ。だから、私も協力している。

川上村の帰りに清里に一泊するので、注文した腕時計をホテルのほうへ届けてもらえないか、と電話した。コスタンテの住所も、同じ長野県内だったからだ。

電話をとったのが、清水新六社長だった。

ホテルを出るまでに間に合うかどうか怪しいので、今回はご自宅に届けますとのこと。電話で、多少の意見交換をしたのだが、いい感じだった。なにより「ソメス」の皮がいいということで、意気投合した。

【2の⑤】手に入れた時計についてのやりとり

新しい腕時計「SPQR MASTERPIECE×SOMES（白文字盤・ナチュラル）」が家に届いた。

じつは、ちょっとガッカリしたことがある。写真で見るより、「ソメス」の皮バンドの色が白っぽかったのだ。ウェブサイトで見ると、もうちょっと茶色っぽくて、ちょうど私は「パッサージュ」の鞄の色と同じ色味だと勘違いしていた。パソコンを通じたネット通販では、よく起こることらしい。

私は、正直な感想を社長にメールで送ってみた。もっと売れる工夫についての意見だ。

①バンドがもうちょっと茶系（「ソメス」の薄茶のバッグの色）のほうがよかった。

②秒針がきっちり秒メモリを指さないでズレるのは、どうしてか？

③バンドの厚みが四ミリ厚だと重厚感はあるが、バックル部分で（上下二本のバンドを留める

から）一センチの厚みにもなってしまい、ビジネス用には使いにくい。まあ、これはアウトドア＆カジュアル用ですね。

すると、清水社長から丁寧なフィードバックがすぐに来た。

「返品も可」とまでおっしゃっていただいたが、私は十分納得できたので、次にはビジネス用を買いたいということを伝えて、このやりとりには決着をつけた。

【２の⑥】腕時計コレクターとの情報交換

和田中卒業を機に、あちこちから慰労会をしてくださるというありがたいお申し出があった。そのなかで、長い付き合いの小学館の編集者や朝日新聞の記者との会食があり、ワインを飲みながらの四方山《よもやま》話となった。

私が時計の話を振ると、小学館の藤田丈彦さんが、待ってましたとばかりに応える。じつは彼は無類の腕時計ファンで、コレクターでもあった。香港にまで、中古品の買い付けに行くのだという。一度、家に空き巣に入られて、それまでコレクションしていた時計が盗まれたとき、そのムシャクシャを納めるのに、前からほしいと思っていたフランク・ミューラーの腕時計をエイヤッと買ってしまった。推定するに、二〇〇万円くらいの代物ではないかと思う。

その藤田さんが、壊れたセイコー・ロードマチックも直るかもしれないという。高円寺（和田中から一番近いＪＲの駅）に伝説の時計技術者がいるはずだ、と。それが（株）セイコーサービス内ホンマウオッチラボラトリーの本間誠二さんだった。

【2の⑦】伝説の時計技術者、登場

さっそくウェブで調べて訪ねていくと、作業場は自宅。眼鏡の上に例の時計屋さんのよくやるルーペ（拡大レンズ）のようなものをつけ、白衣をまとった謎の紳士が家の奥から現れた。

私の時計を一目見ただけで、「ああ、56（タイプ名）ね。これは日付が壊れるのが特徴なんだよね」とおっしゃる。「直りますか」という私の問いかけに、「これはね、ヨードーレバーという部品がダメになっちゃってるの。他では無理だと思うけど、私はセイコーに頼んでこの部品を作らせてキープしているから大丈夫」だという。

まるで「バック・トゥ・ザ・フューチャー」のドクのような迫力に、私はすぐに「お願いします」と頭を下げた。「ついでと言っては何ですが、昔の自動巻の機構を眺めてみたいので、裏をシースルー（ガラス張り）にするような加工はできませんか？」と聞くと、それも一万五〇〇〇円でできると約束してくれた。これでやっと、長年連れ添った腕時計が蘇る。

ドクは微笑みながら言った。「56の時代にはシースルーなんてなかったから、世界でただ一つの時計になるね」

私はこの「世界でただ一つ」という言葉に弱い。

仕事が混んでいるから二カ月かかるということだったが……、楽しみだ。

【2の⑧】清水社長とのアポ成立

〇八年三月末で和田中を卒業したので、ちょっと骨休みに家族で蓼科《たてしな》に行くことにした。清水社長にメールして、蓼科のホテルで一緒に夕食でもどうですか、と誘う。コスタンテのビジネス用の腕時計の現物もいくつか見たいし。彼の会社は岡谷《おかや》が本拠だが、長野県原村（八ヶ岳中央高原）にデザイン室を持っているから、寄ってもらうのも無理はないと考えた。

ぜひ、お会いしましょうということになる。

ないなら創ってしまえ

【3の①】「自分ブランド」の腕時計がほしい

蓼科での清水社長との面会で、私には提案してみたいことがあった。

じつは、その前に何冊も雑誌を買って眺めてみたが、私がほしいと思う腕時計がなかったのだ。唯一、NOMOS（ノモス）というドイツのメーカーの「タンジェント」という腕時計がシンプルで美しいと感じた。バウハウスの流れを汲む合理主義に裏打ちされた機能美だ。新宿の時計屋さんに行って現物を見てみると、写真と比べて大づくりの印象で「買いたい！」とまで感情が動かない。ネットでもずいぶん見てみたのだが、どこにも私の求める腕時計は見当たらなかった。

つくってしまうことはできないのだろうか？

私は、そう考えた。

コスタンテのウェブサイトには「お客様の希望するオリジナル時計を創るＯＥＭ企画は、コスタンテの得意分野です。ご相談を承りますので、お気軽にお問い合せください」とある。過去の実績として、「バーニーズ・ニューヨーク」、「早稲田大学」、「ＳＯＮＹ」などから注文を受けてＯＥＭ生産した時計もプレゼンされていた。

私がほしいのは、こういう時計だ。

①世界中のフォーマルな場でも恥ずかしくない「風格」と「気品」を兼ね備えた腕時計。

②日本の技術が生きていて、できればムーブメント（時計の心臓部の駆動機構）だけでなく、他の部品も日本製だといい。バンドには「ソメス」の薄い皮を裏表とも使いたい。

③ネオ・ジャパネスク（新しい日本風）」なデザインで、飽きのこないものがいいのだが、できれば、友人たちに多少の蘊蓄《うんちく》（というより物語）も語りたい。

ようするに、すでにある「ブランドもの」を買い求めるのではなく、「自分ブランド」の時計がほしかったのである。

【３の②】「時計ファンド」による個別生産というアイデア

だから、清水社長には、のっけからこう伝えた。

「究極のＯＥＭとして、自分ブランドで時計を編集してもらうことはできませんか。私が納得できるネオ・ジャパネスクな腕時計を、清水社長のネットワークで部品を調達し、組み立てて納めていただきたいんです。宝石のように、たった一個を注文生産するのでは何千万円もかかってしまうかもしれないけれど、メーカーが製造している既存の部品の組み合わせでつくれば、コストが抑えられるはずですよね。

それに、デザインがよければ私のネットワークで売れるかもしれない。

最初のモデルをつくる投資をもし私自身が負担して、それが売れたら利益を折半するというような、そんな新しいやり方はできませんか？」

私には、書籍の出版社と著者のイメージがあった。

著者（作家）と出版社の編集者はパートナーシップで一冊の本を仕上げる。著者は執筆時間と知識や創造性を投資し、出版社は宣伝、流通、在庫リスクを負っておこなう共同事業だ。書籍の場合には、著者は在庫リスクに対して最初にお金を負担することはない。だから、売り上げに対する印税はだいたい一〇％前後だ。これに対して、「出版ファンド」を組成し、投資家を募って、海外でのベストセラー本の翻訳を手がけるような出版社も現れている。絵画などの芸術品についての画家と画商の関係でも、同じような仕組みが働く。売れた絵画について、画家と画商が儲けを折半するというような。

「腕時計」という商品について、私は、同じようなスキームができるんじゃあないかと考えた。「時計ファンド」のような仕組みである。

清水社長は頭の柔らかい人物だった。いくつかクリアしなければならない障害や条件はあるが、基本的に「できないことはない」と答えた。「情報編集力」のある人特有の「ＹＥＳ、Ｂｕｔ」（どう実現するかを前提に考えるクセ。これに対して「ＮＯ」から入って、できない理由を挙げつらうタイプの人とはなるべく付き合わないようにしている）の思考法が身についている印象だ。

セイコーあたりのトップメーカーでも、いまや時計のロット（生産時の最小製造単位、いくつつくるのか）は三〇〇個以下ではないかという。最低でも五〇〇〇とか一万はつくるのかなと思っていた私は、その少なさに驚く。

と同時に、今後一〇年から一五年以内に、ネット技術とデジタル加工技術がリンクして、「超ブランド品」以外の時計は、間違いなく「少量生産」を通り越して「個別生産」に向かうな、と直感した。

ならば、自分が、清水社長のネットワークと技術力を駆使して、その最初の一人になれるかもしれないという闘志が湧いてくる。

【3の③】コンセプトシートで完成イメージを共有

東京に帰ると私は、もう一度私がほしい「新しい日本人のための腕時計」のイメージを整理し、その日のうちにコスタンテにファックスを送った（231ページ）。

その翌日には、再び時計雑誌を買い集め、私のイメージに近い「部分」を体現する世界の腕時計の写真を切り抜いて、A3の紙にコラージュした。こういうものを、コンセプトシートとかイメージチャートと呼ぶ。

自分のイメージを仕事上のパートナーに少しでも正確に伝えるための有力な技術の一つである。文字どおり、「情報編集力」が試される。このカラーコピーも清水社長に送っておいた。

【3の④】開発プロジェクト、スタート

清水社長からのメールには、先方も開発を目指してスタートした様子が見て取れた。

私が返信した内容は次のとおりだ。清水社長のメールの引用は「>」印の部分である。さまざまな商品開発の過程で、関係者同士はこんなコミュニケーションを何度も繰り返す。

清水社長さま　藤原です。

非常に面白いプロジェクトのお申し出、ありがとうございます！

＞大前提の一番肝心のところですが在庫リスクを誰が担うかです。SPQRブランド（注：
＞コスタンテが販売している時計ブランド）で投入することは問題ありませんが、初期費用と製
＞造コストをどう捻出するかです。在庫商品は誰が持つ？

私は、このプロジェクトは、ただ一回の「伊達や酔狂」ではもったいないと考えており、日本人の「時計に対する態度やあり方」自体を問いかける本質的なものにしないと意味がないと思います。考え方の土台はこんな感じです。

① ある程度の資金（三〇万円から三〇〇万円程度の遊び資金）を持っていて、ネットワークの核としてのステイタス（およそ三〇〇人が彼のデザインした商品、あるいは推奨したモノを買う可能性がある）があり、かつ、ブランド好きではないか、ブランドに飽きてブランド教から卒業しようとしている人間を、このネットワークビジネスのコア（仮に「言い出しっぺ」と呼びましょうか）とする。初回は、私自身がモルモットです。

② 彼、または彼の心酔するデザイナー（建築家などの芸術家含む）のコンセプトデザイン

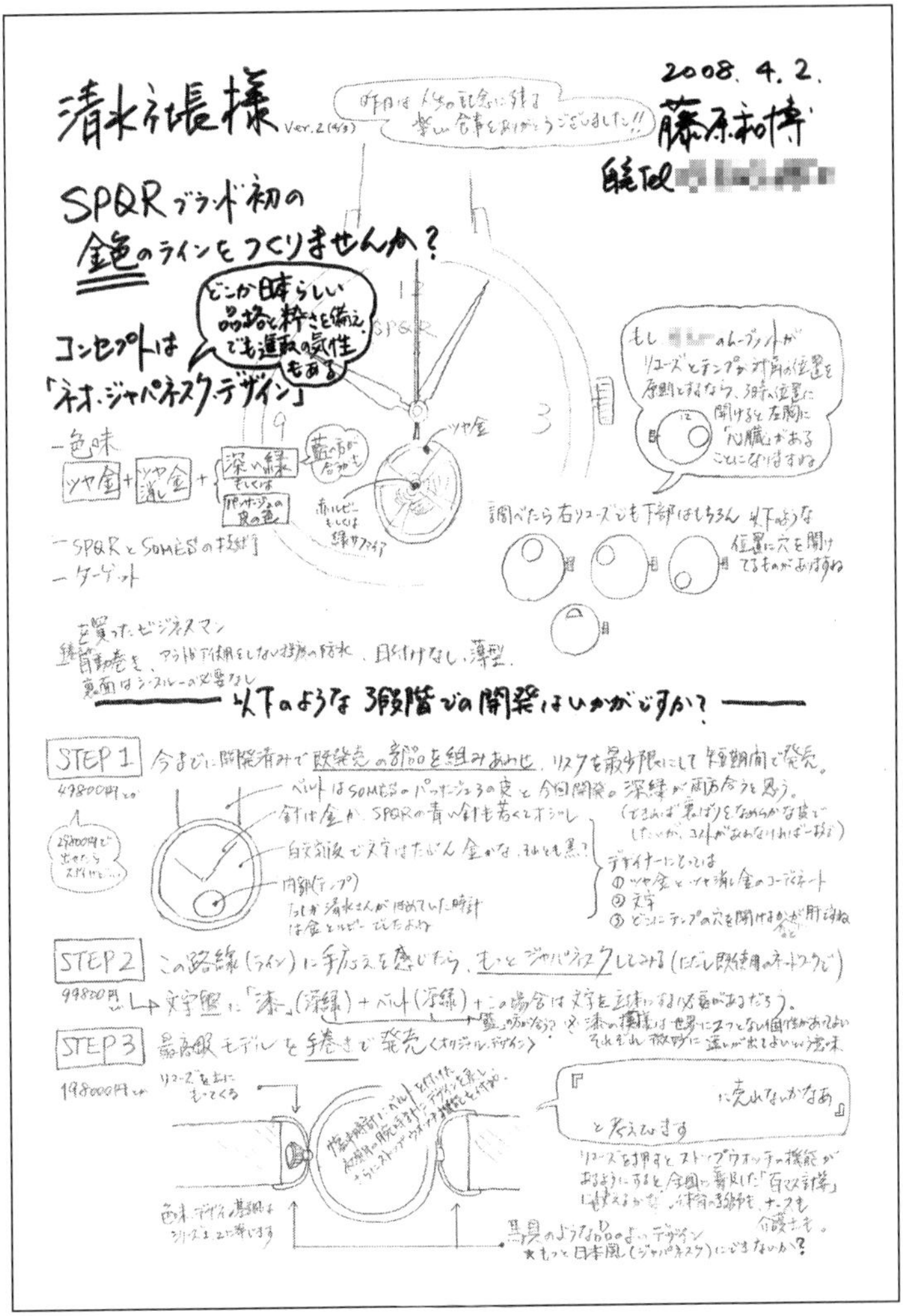

コスタンテ清水社長宛てに私が送ったファックス

により、まずモデルをつくる。モデルをつくるための初期投資は、（A）全額「言い出しっぺ」が負担、（B）半額を「言い出しっぺ」が負担、（C）全額をコスタンテが負担の三種のスキームからコスタンテが選択。

コストを下げ、リスクを極力小さくするために、コスタンテ清水社長のネットワークを最大限活用する。

なお、ネットワーク内への販売には一カ月の予約期間をおいて二カ月後のお届けとし、ソメスのパッサージュのような「受注生産方式」をとる。いわゆるテストマーケティングですね。リスクを最小限にするためです。セイコーでも三〇〇個以下の小ロットとお伺いしましたが、こんなやり方は可能でしょうか？

③　この時点で売れる感触をつかめれば、コスタンテが販売し、書籍の場合と同様に、「印税（ライセンス料）」を「言い出しっぺ」に支払う。

たとえばですが、私自身をモルモットとして初回プロジェクトを進めるならば、初期投資の半分程度を私に負担させて、あとからの販売に対して一〇％の印税という、（初期投資を除けば）書籍と同じスキームではいかがでしょうか？

「面白い！」という声が上がれば、二人目の「言い出しっぺ」は、私から紹介できると思います。文化人、建築家、作家、歌手、デザイナーとか。はじめからラインを広げるつもりなら、コスタンテのホームページを充実させる必要がありそうですね。

＞具体性ある販売先と販売数量を読んでリスク回避しておく。

非常に大事なことですね。納得できます。

＞私たちで手に負えない場合をお任せできるスポンサーを探して確約をとる（現在進行中の
＞デザイナー・五十嵐さんのプロジェクトはすでに某スポンサーを決め、商品買取とＴＶシ
＞ョップ、通販、ＪＡＬ機内誌などの商流は確保しました）。以上がクリアになれば、商品
＞化にかかわる課題はひとつずつ解決できると思います。

商流をつくるのに、売り込みに行くと高いマージンや広告費を払わされますから、意味がありませんよね。話題づくりが先だと考えます。

＞【第1ステップ　商品化の課題】
＞ムーブメントは薄型ドレスタイプだと手巻き（カレンダーなし）ですが、早速交渉中です。

もちろんホンモノ志向ですから、機械式の手巻きか自動巻きでけっこうです。
ただし、まず、初回、ネットのお客が比較的気楽に買える「おつきあい」価格は二万九八〇〇円程度のようです。次のイメージが九万八〇〇〇円から一五万円。三段階目で三〇万円くらいかな。

∨九時位置のリューズは賛成です（テンプと心臓の位置は語りになるので）

なるほど。清水社長が「物語性」を重視していることがよくわかりました。頷けます。

∨ケースは在型（手巻きパワーリザーブ）を使える可能性あり、新型費用は削除できます。

いいですね。廃品を回収して再利用（磨き直し）してもいいくらいです。

∨ソメスのバンドは柔らかな薄手の二枚張り合わせタイプは可能です(試作はする予定です)。

ビジネス用では、どうしても長袖Ｙシャツのボタンかカフスの下から見える必要がありますから。
>語りになる要素をもう少しほしいですね。(例：どなたか有名デザイナーの名前をお借り
>する、ＴＶショップで藤原さんが出演し説明する【笑】)

有名デザイナーを知らないわけではないのですが、五十嵐さんのような「オーセンティック」なものでないと買う気がしないでしょうね。

以前、リクルートのＧ７ギャラリーで、グラフィックデザイナーに毎年腕時計（文字盤の表面部分のみ）をデザインしてもらってファンに売ってたんですが、けっこう大変だったはず。奇をてらったデザインでは、飽きてしまいますから。

その意味でも、清水社長の指向性（本物志向）は、尊敬できます。

私の場合も、清水さんの信頼する「時計デザイナー」がいいと思います。

>
>【第２ステップ　商品化の課題】
>漆文字盤はいろいろと研究中で、試作も三〇点ほどつくりました。いくつかはティファニ
>ーに輸出している漆業者さんがティファニーに提案中です。漆はジャパネスクの代表要素
>のひとつになると思います。

そうですね。深緑より、時計には「藍」がやはり合うのかなあ。
なるほど！　ありがとうございました。

【3の⑤】ナンバーワン夜光塗料メーカーを巻き込む

「物語性」を清水社長がいかに重視しているかがわかる。私はさっそく、前から懇意にしている夜光塗料メーカーの根本特殊化学の根本社長にもメールを打った。

［よのなか］科で、生徒たちに「付加価値が高い商品」のイメージをつかんでもらうため、五年間授業にゲストティーチャーでお出まし願った。時計に使われる夜光塗料は根本特殊化学が世界シェアの八割近くを持っていてナンバーワン。「ロレックス」を含むスイスの時計メーカーにも一キロ一〇〇万円（金と同じ価値）で納めていると聞く。その根本社長に、今回の時計の「物語性」を高めるために、一役買ってもらえないかと考えた。

根本社長さま　藤原です。

ご無沙汰しておりますが、お元気でしょうか？
和田中を離れて少し時間が空いたので、なぜか、時計のデザインに協力しています。

諏訪の企画会社コスタンテの清水社長（元セイコー）がパートナーです。新しい時計の流れを「ジャパネスク・デザイン（新しい日本風）」を基調につくりたいのですが、蓄光式夜光塗料で新製品は開発可能でしょうか？

文字盤全体に塗って「橙（ダイダイ）色」に発光する夜光塗料です。昼間は白かクリーム色だとうれしいです。

金色を基調にしたデザインを考えているので、夜も暖色に発光するといいなあ、と考えました。もう、ありましたっけ？

最初は三〇〇程度のロットなので商売にはならないと思いますが、当然はじめから世界を狙います。

よろしくご検討下さい。

【3の⑥】どんどんふくらむ物語

根本社長は、すぐに橙色に発光する夜光塗料の試作品をつくってくれた。一週間もしないで、試作品が自宅に届く。従来品（緑系の蛍色に輝くもの）に比べて、発光の持続時間が足りないという欠点があるようだ。が、私自身はユーザーとして、夜通し光っている必要はないんじゃないかと思った。

清水社長へのメールに、時計に詳しい人物との出逢いを含めて二件、報告。

清水社長さま　藤原です。

物語に追加二件。

一つ、本日TBSラジオに一緒に出演した山田五郎さんと時計の話で盛り上がる。かなりの専門家ですね。スイス製の高級ブランドにも、安価な汎用ムーブメントをそのまま使ったモデルが多く、原価が一〇〇分の一くらいの場合もあるのではないかとおっしゃっていました。独自開発には興味をもっていただきましたが、日本人のブランド信仰を崩すのはむずかしいんじゃないかな、とも。

二つ、根本特殊化学の根本社長に「金色に合う暖色の夜光塗料はないんですか？」と聞いてみたら、今日電話で、見本をつくって自宅に送ってくれるとのこと。オレンジ色も出るのだが、一時間持つかどうかとのことでした。しかし、私などは、実用的には一晩中もつ必要もないと思うんですが。

以上、報告まで。

【3の⑦】清水社長からの返事

それに対する清水さんからのメールはこうだ。

藤原様

おはようございます。いつも藤原さんのフットワークには驚かされます。
山田さんは本当に博学で、時計のうんちくは我々プロ以上だといつも感心しています。おっしゃるとおりです。

根本のオレンジ夜光は興味あります。

少しずつですが検討しております。まだ案の案の段階ですが、今回のプロジェクトに盛り込みたい要素は藤原案とあわせて今日現在で次のとおりです。

＊国産手巻きか自動巻き機械式ムーブメント（欧州の汎用ムーブメントと比べて約4倍と値段が高い）採用

このムーブは門外不出であるが、私との過去のかかわりに免じ、オリエント社長が特別決済で許可いただける予定

＊テンプを心臓位置に（藤原案で表現されたように、人間の心臓の鼓動を連想）

＊ソメス社とブライドルレザーの薄型バンド開発（プロトタイプはできました）

＊世界初のオレンジ夜光もしくはブルー夜光（ジャパンブルー）の採用

＊時計デザインの最高峰ジュネーブ市賞のグランプリ受賞者・岡谷哲男氏にデザインを依頼
彼はクレドールのデザインを中心にデザイン活動中、今年セイコーエプソンを退社して独立、諏訪の時計プロジェクト（五人）の一員

＊文字盤には漆加工
木曾漆の場合：長野五輪のメダル（漆加工）製作者による
輪島塗の場合：現在当社と漆業者とすすめている塗師が製作

＊時計内部に不活性アルゴンガス充填（どこの時計メーカーもしていない）
これは、ムーブメント劣化防止のため

諏訪プロジェクトの時計はご希望によりガス置換している

まだまだ有効なキーワードがあると思います。

各々をよく検討する必要があります。

この物語は、始まったばかり。

じっさい、どんなオリジナル時計が開発されることになるかは、まだわからない。

しかし、ここまでの道のりでも十分に楽しませてもらっているし、だんだん「布石」となる駒が揃ってきている感覚がある。たぶん、納得がいくプロジェクトになるだろう。

「駒」というのは、「ひと」「もの」「こと」との出逢いのことをさす。清水社長と私の両面作戦だ。

現実の商品開発での「情報編集」というのはこうしたことを指す。

また、人生の局面局面で、このように「自分の人生を編集する」主体性を持つと、あらゆる機会を次のステップへの「布石」として楽しめるようになる。

「情報編集力」が鍵だ。

ここまでの物語を反芻してみよう。

【1の④】で、私はわざと高い買い物をした。「ソメス」の提供する「物語」を買ったのだ。それが、【2の④】での清水社長との出逢いに生きてくる。もちろん、鞄を買った当初は、それが時計物語に結びついてこようとは想像もしていない。

【2の⑦】での本間さんとの出逢いも偶然といえば偶然だが（なんたって、和田中からメッチャ近くに名物時計技師はいらしたのだ）、直接会いにいかなければ、古い時計をシースルー加工することもできるとは考えも及ばなかった。また、のちの清水さんとの話のなかでも、この経験は生きた。

そして、一気に【3の①】で、【1】の「鞄物語」と【2】の「時計物語」が結びついていく。

ほしいものがないという時点であきらめていれば、ここで物語はストップした。また、安易にブランドものを買ってしまったら、会食の席での友人との会話も「これ、買ったんだ」、「へー、いくらだった？」、「高っけえ！（もしくは安いジャン、いい買い物したね）」で終わってしまったことだろう。

わざと「コトあれ主義」で臨んだからこそ、想像を絶する新たな開発物語が始まった。

（ここからの物語は「よのなかｎｅｔ」http://yononaka.net/の中の「よのなかのネットワーク」〈すていしょん〉のページでご覧ください。この腕時計は「ｊａｐａｎ」と名づけられ、〇八年末にはデビューする予定です）

私はいつも、語れる物語を豊かにするほうに動く。

教育改革を進めるのに、現場の学校長を引き受けたのも、同じ動機だ。ビジネスマンをしたままテレビで評論家然として教育を語るより、中学生との本気のぶつかり合いを通じて現場にかかわっていったほうが、私自身にとってははるかに豊かな人生になると考えた。たとえ、年収が半分以下になっても、語るべき物語が倍以上豊かに編集できればそれでよい。

「損して得とれ」とよく言うが、「処理を減らして編集をとれ」が正しい。より豊かな物語が編集できそうな道を生きたほうが、人生が豊かに暮らせるからだ。

【３の②】からは、私の全人生での経験が生きてくる。出逢いと出逢いによって、さらに出逢いという資産を増殖してゆく生き方だ。

「出逢いと出逢いによって、さらに出逢うこと」

つなぎ、つなげ、つながりながら、結び、結びつけ、結びつきながら生きる。すると「運」も引き寄せられてくる。

人生は、「つなげる力」によって、いくらでも切り拓くことができるのである。

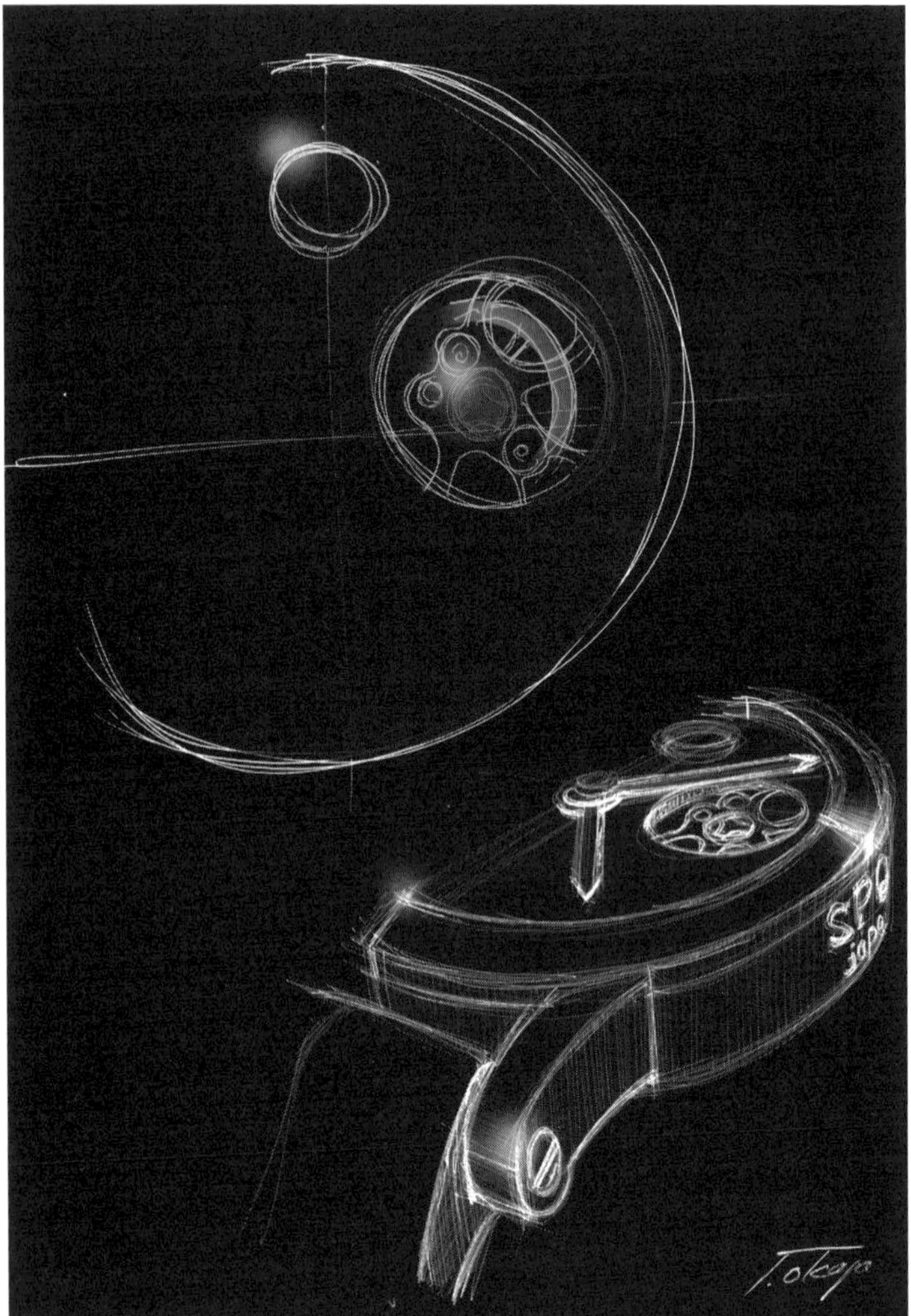

「つなげる力」で誕生するブランドを超えた腕時計『japan』のデザイン画。
長野五輪のメダルを彩った漆が文字盤を飾り、日本らしさを世界に発信する。

第７章のまとめ

物語をつなげてビジネスに

鞄の物語

- 1の1　壊れかけた鞄
- 1の2　馬具メーカー、ソメスとの出会い
- 1の3　ソメスの所在地、北海道へ
- 1の4　ソメスの鞄を手に入れる
- 1の5　東京・青山のソメスのショップへ

腕時計の物語

- 2の1　ソメス製のベルトをつけた腕時計を発見
- 2の2　40年近く使い続けた時計
- 2の3　コスタンテの腕時計を購入
- 2の4　コスタンテ・清水社長と電話で意気投合
- 2の5　手に入れた時計についてのやりとり
- 2の6　腕時計コレクターとの情報交換
- 2の7　伝説の時計技術者、登場
- 2の8　清水社長とのアポ成立

時計ファンドの物語

- 3の1　「自分ブランド」の腕時計がほしい
- 3の2　「時計ファンド」による個別生産というアイデア
- 3の3　コンセプトシートで完成イメージを共有
- 3の4　開発プロジェクト、スタート
- 3の5　ナンバーワン夜光塗料メーカーを巻き込む
- 3の6　どんどんふくらむ物語
- 3の7　清水社長からの返事

時計物語の続きは「よのなかnet」ホームページへ

あとがきにかえて――さあ、オセロゲームを始めよう！

和田中「地域本部」は、二〇〇七年度、三つのニュースにわいた。

まず一つ、私が校長に就任した〇三年に中学三年生だった［よのなか］科の生徒が大学生になり、教員を志望して「ドテラ」の学ボラに戻ってきたこと。ついに、「ドテラ」で育った生徒が「ドテラ」に戻ってくる循環が始まった。

二つ目は、五年前の「ドテラ」開設時から学ボラをやってくれていた数学担当の男の子がいよいよ結婚することになったこと。その相手も、彼が連れてきて、同じく「ドテラ」の学ボラをしばらくやってくれた彼女だった。彼女のほうが先に東京都の教員採用試験に受かってしまったので、私は密かに心配していた。学ボラ同士、第一号の結婚、文句なしにおめでとう！

三つ目は、団塊世代以上のシニアボランティアが続々と参加してきたこと。伊藤忠を辞め、いまでは「ドテラ」の算数オジちゃんとして親しまれている人がいる。五カ国語をあやつるオジイちゃんには英語コースのマネジメントをお願いしている。

はじめは「学生ボランティア」だから略して「学ボラ」だったのだが、最近は正式名称を

「学習ボランティア」に変更した。ドテラを支えるスタッフだけでも、多世代にわたってきたからだ。しかも、シニアボランティアが肝心なところで学生ボランティアをフォローする。事務局のPTAのOGも頼りにしているようだ。ドテラ後の反省会のそのまた後には、学生と団塊世代とシニアがつるんで飲みにもいくらしい。誰々のうちに泊まらせていただいたなどという話も聴くようになった。

私は、ドテラの学習ボランティアのコミュニティが「地域社会」となるための条件は三つあると考えていた。「地域社会」の三条件だ。

①出て行って、また戻ってくる循環があること
②コミュニティの構成員同士が結婚して、新しい家族をつくること
③多世代間のコミュニケーションが成立していること

ようするに、多様で、複雑で、変化の激しい人間関係を、寛容性をもって許容できる場（コミュニティ）であるか、ということ。

必ずしも「居住地」という意味ではなく、「志」や「関心」や「ベクトル」を共有できる居場所として、「つながっているか」ということだ。

和田中学校・校長の仕事は〇八年三月で五年の任期満了となり、後任の民間校長にバトンタッチした。二年間かけて一〇〇人以上リストアップした候補者の中から私自身が口説いた。地域運営学校（コミュニティスクール）に指定されていると、学校運営協議会の合議によって、こうした推挙ができる。代田昭久新校長（四三歳）は、村上龍さんの「13歳のハローワーク」公式サイトを立ち上げたリクルートの後輩。偶然にも、親戚が教師だらけの家系だった。

たまに和田中「地域本部」の方々からの相談はあるが、私自身は和田中には一切顔を出さないようにしている。新校長がやりにくいだろうと思うからだ。

というわけで、四月から私はプータローになった。今は、教育界の「世直し」をするため、第二ステージの準備をしている。

せっかくだから、第二ステージがどんな戦いになるのかを読者にも共有してもらうために、縦一〇〇マス、横一〇〇マスの巨大な「オセロ」のゲーム盤をイメージしてほしい。マスは全部で一万個。全国にある中学校の数と一緒だ（山間部は当てはまらないが、市街地では通常、中学校一校と小学校二校程度で一中学校区）。

本書で解説した［よのなか］科や「地域本部」によって和田中を世の中とつなげ、外部のエネルギーで生徒たちの学びを活性化するまで、一万個の「オセロ」のコマ（表が白、裏が黒の丸い石）はほとんど黒かった。世の中に対して閉じていて、学校が鎖国状態にあるという意味だ。これでは、子どもたちは息詰るし、先生たちだって孤立し、疲弊してしまう。

そこで、和田中一校を白に裏返して、長崎の「出島」のようにし、全国に向けて開国を宣言。本当の意味で「学校を開く」には「何と何を、どう、つなげていったらいいのか」、ノウハウを惜しげもなく公開したところ、志を同じくする教師や校長が現れた。その数、この二年で二〇〇人。それでも、コマが白く裏返ったのは二〇〜三〇校にとどまった。私企業の世界だったら、あっという間に他校から真似られて、和田中方式がこんなに話題になることもなかったかもしれない。盤面がまだまだ真っ黒で、いっこうに白くひっくり返らないから、文科省も痺れを切らして〇八年、五〇億円の予算をとり、全国的な普及に乗り出した。

子どもたちの未来を、学校を鎖国することで蝕んではいけない。地域社会のエネルギーを学内に取り込んで刺激してやることで、もっと彼らは伸びるのだ。

だから私も、第二ステージでは、この「オセロ」ゲームに勝つために、四隅を取りにいこうと思う。盤面をこの五年から一〇年で、真っ白に開くための戦いだ。

左上の隅は、文科省の予算によって全国一八〇〇〇カ所の中学校区に「学校支援地域本部」が設置され、教員をサポートする学習サポーターが地域から大量動員されることで局面が開かれるだろう。

必ずしもPTAではない読者や、これから地域社会で貢献しようと考えている団塊世代の方々にとって、いままで、地域の学校には取りつく島もなかったのではないだろうか。しかし、これからは「学校支援地域本部」が地域に開かれた「出島」となり、あなたと学校をつなげてくれるはずだ。

私自身は各地の「学校支援地域本部」立ち上げのため、教員や校長向けの研修会の講師を引き受け、全国行脚している最中である。

また、「学校支援地域本部」を充実させ、名実ともに「学校を核にして地域社会を再生する」ためには、教員が利用できる外部資源をもっと組織的に準備する機能が必要だ。「コーディネータ」と呼ばれる職種の増産である。

たとえ、誰が考えても良い教育サービスであったとしても、学校現場にそのまま持ち込むのはむずかしいことが多い。翻訳したり、通訳したり、私企業が生み出したものをちょっと改善したりする中間組織が鍵なのだ。ＮＰＯでも株式会社でも、「つなげる力」を持った個人でも。

和田中では、英検や漢検、ＤＳでの計算練習のサポートや環境エネルギー学習などに私企業のサービスを導入。さらに、「英語アドベンチャーコース」や「夜スペ」に塾の講師を大胆に引き入れた。民間校長であるかどうかに関わらず、教員出身の校長にも、「つなげる力」の強い人材が待望される。

だから、私自身は、そうしたコーディネータや「つなげる力」をもった校長候補を今後も発掘し続けようと思う。

左下の隅では、大学の教職課程（教師を養成するためのカリキュラム）を改善することで、白くひっくり返る学校がふえてくる。学校の開国に必須の実践的な技術メニューをふやし、在学中から地域の小中学校のボランティアで活躍する学生をふやす。とくに落ちこぼれ対策として、和田中がやっている「土曜寺子屋（ドテラ）」や放課後の補習をサポートする学生には、積極的に「単位」を与えるべきだろう。大学生と児童・生徒を、いまより太いパイプでつなぐのだ。

私自身は教員養成を主眼とする東京学芸大学の客員教授となったが、その他にも大阪教育大や京大、東大などにも働きかけをしている。［よのなか］科や学校経営のノウハウを教えることで、大学生を公立の小中学校につなげる役割を果たす努力を続けるつもりだ。

次に、右上の隅の局面を開くために、何をやろうとしているか。

和田中で獲得したノウハウをすべて使って、杉並区ではない自治体で「つなげる力」の効果のほどを証明しようと考えている。

橋下知事の要請に応えて特別顧問に就任し、大阪府の教育改革に協力する。

自治体の教育改革では、もっとも成功している例として、よく京都市の例が採り上げられる。京都市の門川教育長（現市長）がやった改革は、大学生ボランティアの大量導入といい、一部中学校での授業時間の「四五分七コマ制」といい、地域社会の学校への取り込み方といい、和田中方式にそっくりなのである。〇八年になるまでお互いに知り合いではなかったし、どちらかが真似をしたわけでもない。「子どもたちの未来を拓く」一点でコンセプトが共通していただけで、五年間にわたる東京と京都でのまったく別々の取り組みが多くの共通点を見せるのはなぜか。

「教員だけで多様なメニューに取り組むには忙しすぎる」、「だから、学生を含め、地域社会にある資源を徹底的にいかしたい」、「そのためには、抽象的に〝地域の人々〟などと呼んで放っておくのではなく、大学生を土曜日の中学生の補習に、とか、本好きなPTAのOGを放課後の図書室に、とか、塾の講師を英語の追加授業に、とか、具体的に対象を名指しして〝つなげる〟こと」、「そうすれば、〝つながり〟がエネルギーを呼び込み、問題が解決する」……という考えで双方が行動したからだ。「つなげる力」を重視する戦略が共通していたのだ。

さて、大阪府の課題は、言わずと知れた「学力の向上」である。沖縄を除いて、全国の自治体でワースト・ワンにあまんじている現状をなんとかしたい。

まず、モデルとなる市を選んで、その地域にあるあらゆる資源を学校に「つなげる」作戦をとろうと思う。

「つなげる力」が、「学力の向上」というもっともむずかしい社会問題の解決にも応えられることを、和田中一校ではなく、自治体全体の取組みとして証明するために。

最後に、オセロの盤面では、右下の、あなたから一番近い隅が残った。

もう読者は「つなげる力」の威力に気づかれたのではないか、と思う。

右下の隅を白く裏返し、学校を、地域社会を、職場を、そしてあなた自身の人生を活性化させるのは、あなた自身の「つなげる力」だ。

さて、明日から、いや、今日から、あなたは何と何を、どこでつなげますか？

藤原　和博

二〇〇八年八月吉日

装幀　関口聖司
図版作成　浦郷和美
編集協力　田中幸宏

藤原和博（ふじはら・かずひろ）

1955年生まれ。78年東京大学卒業後リクルート入社。東京営業統括部長、新規事業担当部長などを歴任。93年からヨーロッパ在住。03年から５年間、都内では義務教育初の民間校長として杉並区立和田中学校長を務める。「私立を超えた公立校」を標榜し、総合学習［よのなか］科の創設や「学校支援地域本部」の設置、食育や読書活動で文部科学大臣賞をダブル受賞。自身は世田谷区立多聞小学校、同区立富士中学校、東京都立青山高校出身。３人の子も公立の小中学校に通わせる。
『リクルートという奇跡』（文春文庫）、『公立校の逆襲』（ちくま文庫）他著書多数。詳しくは「よのなかnet」http://www.yononaka.net に。

つなげる力《ちから》

2008年 9 月15日　第１刷

著　者　藤原和博《ふじはらかずひろ》

発行者　木俣正剛

発行所　株式会社　文藝春秋

東京都千代田区紀尾井町3-23（〒102-8008）
電話（03）3265-1211

印　刷　大日本印刷

製本所　加藤製本

・定価はカバーに表示してあります。
・万一、落丁乱丁の場合は送料当方負担でお取替えいたします。
小社製作部宛てお送り下さい。

ISBN4-16-370590-3